MASTER ARCHIVE MOBILESUIT RX-79BD BLUE DESTINY

CONTENTS

MASTER ARCHIVE MOBILESUIT RX-79BD BLUE DESTINY

■Text
大脇千尋 (DEVELOPMENT OF "BLUE DESTINY" & all variations)
大里 元 (STRUCTURE of RX-79BD)
橋村 空 (Consideration of EXAM system & captions)

01

旧世紀から綿々と続く戦争という名の人の業。だが皮肉にも、そのさなかに人の革新たる"ニュータイプ"出現の兆しが見え始めた。戦争のありようを変えたモビルスーツであるが、あらゆる"新旧"の対立に投じられ、その進化はこれらと不可分の関係にある。

ジオン公国軍が戦線に投入してくるであろうニュータイプ部隊に対抗する切り札として、オールドタイプ側の視点で提唱されたEXAMシステム。これを搭載したRX-79BDは合計3機がロールアウトし、数奇な運命を経て、ついには宇宙で激突することになる。

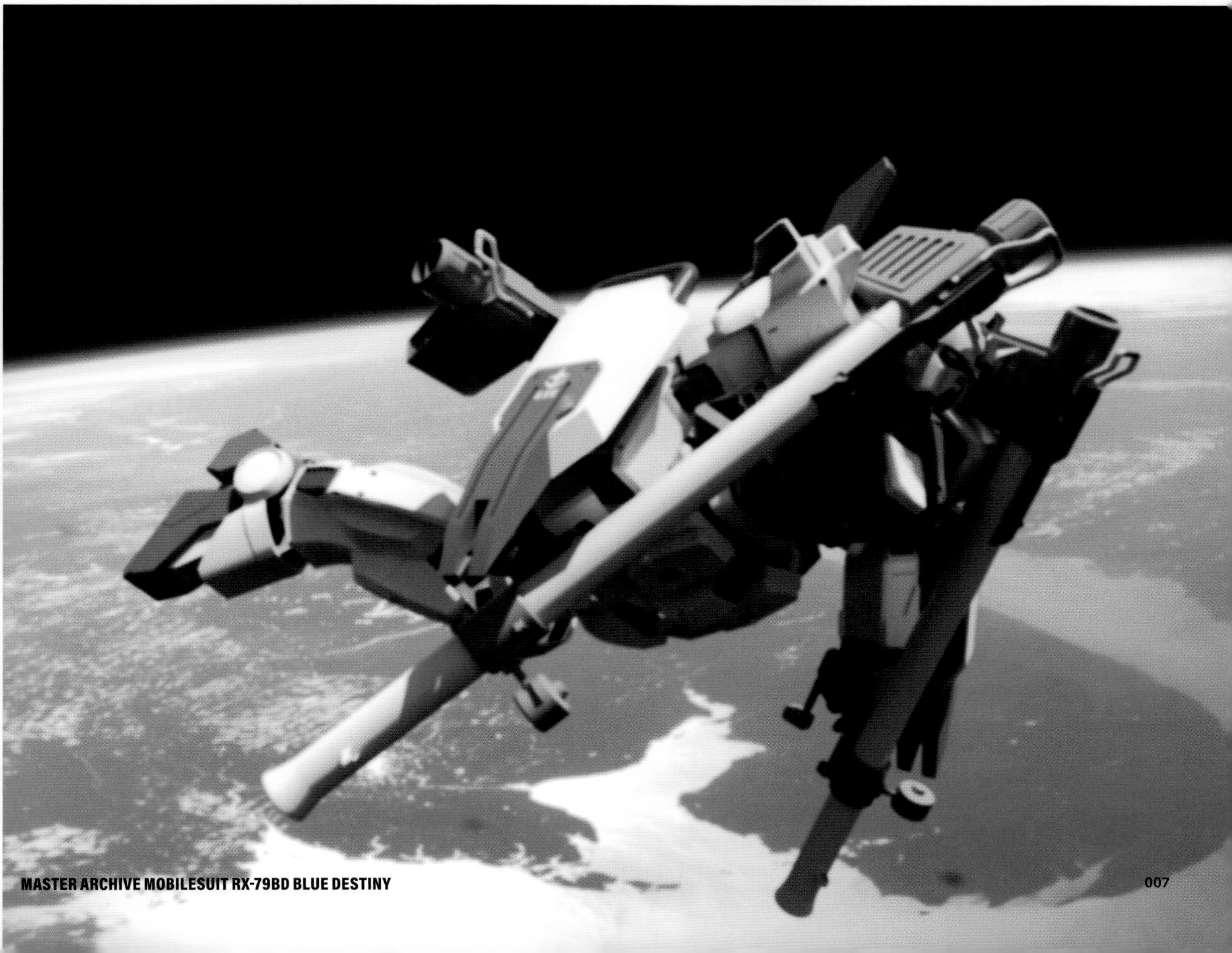

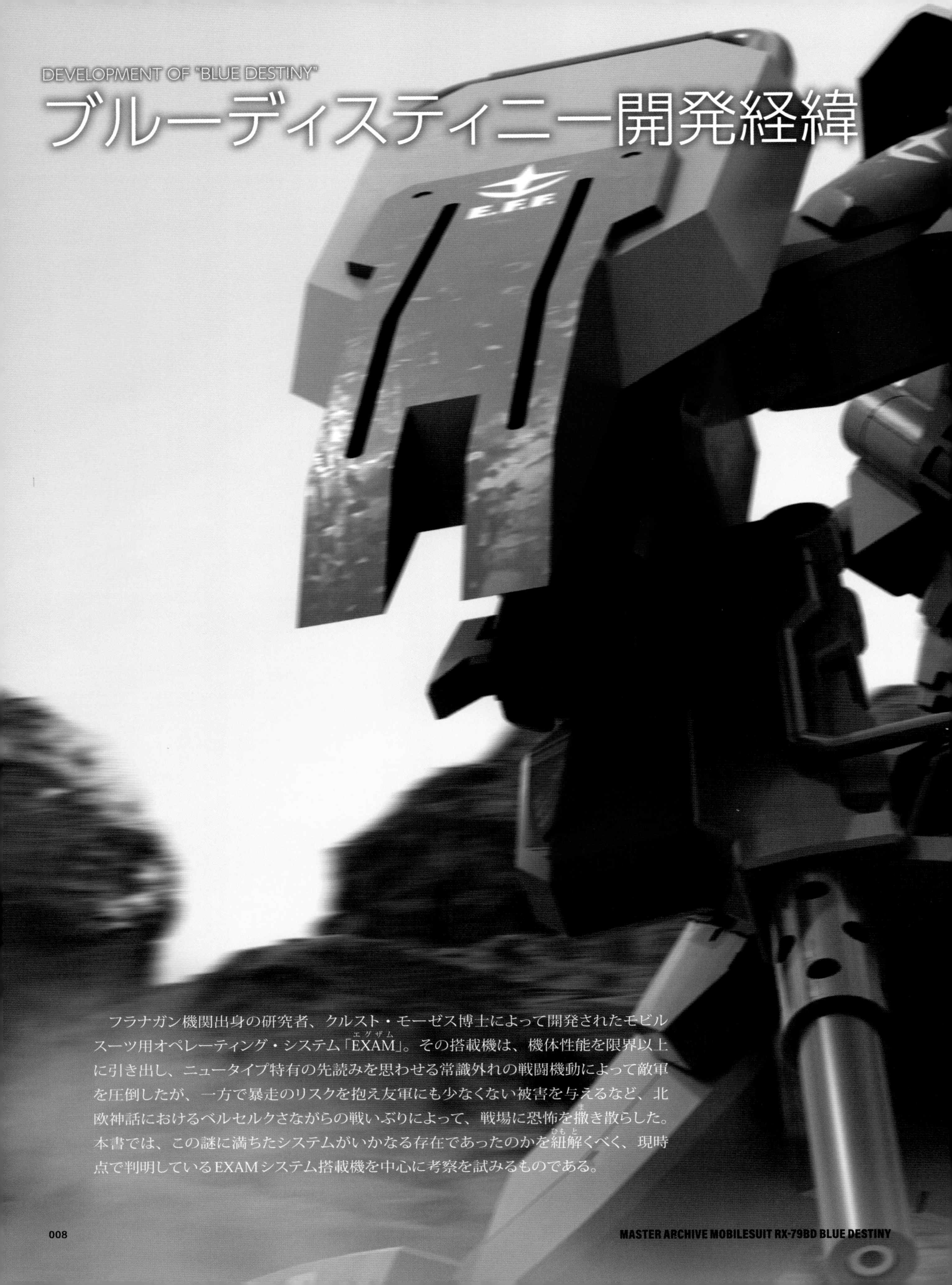

DEVELOPMENT OF "BLUE DESTINY"

ブルーディスティニー開発経緯

フラナガン機関出身の研究者、クルスト・モーゼス博士によって開発されたモビルスーツ用オペレーティング・システム「EXAM」。その搭載機は、機体性能を限界以上に引き出し、ニュータイプ特有の先読みを思わせる常識外れの戦闘機動によって敵軍を圧倒したが、一方で暴走のリスクを抱え友軍にも少なくない被害を与えるなど、北欧神話におけるベルセルクさながらの戦いぶりによって、戦場に恐怖を撒き散らした。本書では、この謎に満ちたシステムがいかなる存在であったのかを紐解くべく、現時点で判明しているEXAMシステム搭載機を中心に考察を試みるものである。

E.F.F.

■クルスト・モーゼスという人物

旧世紀の昔より兵器開発の歴史には、しばしば「鬼才」と形容される人物が現れてきた。人並み外れた知性と発想力によって、それが成功であったのか失敗であったのかはともかくとして、常識を覆(くつがえ)すような新兵器を生み出し、後の兵器開発史に大きな影響――もしくは傷痕――を残すような人物である。そうした意味において、EXAMシステムの考案者であるクルスト・モーゼス博士は、間違いなく「鬼才」であった。

その名が初めて公的な記録に現れるのは、U.C.0079年6月のことである。ジオン公国において、ニュータイプ研究を目的とする軍事研究開発機関「フラナガン機関」が設立された際、その研究員のひとりとして、彼の名前がリストに記されている。

ここで、同機関の設立経緯について軽く振り返っておこう。

そもそもの発端は、ミノフスキー粒子散布戦術とモビルスーツ（以下、MS）の登場によって有視界戦闘が復活した戦場において、突出した戦果を挙げるパイロットが現れ始めたことにあった。類まれな空間認識能力と反射神経、そして異常なほどの「勘(かん)の良さ」を発揮し、ときに高速のビーム弾すら躱(かわ)してみせる者たち。彼らの存在にキシリア・ザビ突撃機動軍少将は、並々ならぬ関心を寄せた。このような才能を効率的に発掘する手法を確立し、かつ彼らの能力を最大限に引き出すことのできる兵器に搭乗させ、部隊を編成することができたならば、どのような結果が生まれるのか。そこに戦略的価値を見出したキシリア少将は、一見すると「予知」にも思える彼らの特異能力が、いかなる現象であるのかを解明すべしと号令を発したのである。これが、フラナガン博士と彼が率いる「フラナガン機関」の設立理由であった。

※1
YMS-06Zは、サイコミュ・システムをMSに搭載することを目的に開発された試作機である。小型化した試作型サイコミュ・デバイスによって、背部に接続された有線式ビットを操作することが可能であることに加え、ニュータイプ特有の優れた反応速度に対応するため、機体各所に補助推進器を備えるなど、多分に先進的な機体であった。ビットが有線式であった点、そしてジェネレーター出力の問題からビーム兵器の搭載が見送られた点など、多くの課題を残していたが、本機が一定の成功を収めたことが、「ビショップ計画」の立ち上げに繋がり、MS-06ZやMSN-01といった機体群、さらにはMS-16／MSN-02〈ジオング〉を生み出したことは注目に値するだろう。

フラナガン機関は、今でこそニュータイプ研究の草分け的存在として知られているが、設立当初は、所属研究員すら何をどのようなアプローチで研究すれば良いのか、ほとんど見当がついていない状態であったらしい。そもそも特異能力を有するパイロットたちに与えられた「ニュータイプ」という呼称からして、思想家ジオン・ズム・ダイクンが提唱した「宇宙という環境に適応した新人類」を表す造語から借用してきたものに過ぎなかったのだ。ダイクンの後継者として権力を握ったザビ家としては、スペースノイドの精神的拠り所となり得るニュータイプという概念を、大衆の自由にさせてはならないと考えたのであろう。それは、史上初の宇宙国家であるジオン公国を護る存在でなければならない。自由独立のために圧政者たる地球連邦軍と戦うエースパイロットたちにこそ、その名は用いられるべきというわけである。

だが、仮にニュータイプが、パイロットとしての才に溢れた人材であったとしても、研究を進めようにも対象となる被験者の確保すら難しかった。そもそも、機関設立の発端となった特異能力の持ち主たちは、パイロットとして一流であるが故に、次第に厳しさを増す前線から引き上げさせることが難しかった。そこで、徴兵年齢に達していない少年少女の中から、曖昧な判断基準によって「ニュータイプ的」と考えられる才能を持つ子供たちを徴用するという行為が行われたのである。しかしながら、いかに愛国心に厚い公国市民であっても、自分の子供を怪し気な研究の被験者として捧げたいと申し出る者など、そうそういるものではない。次第にフラナガン機関のリクルート担当者の目は、貧困層の子供や身寄りのない孤児——多くの場合、戦災孤児——に向けられることになるのだった。

さて、「本物のニュータイプ」なる者たちが存在するとして、果たしてフラナガン機関には何人の「本物」がいたのだろうか。後に「ソロモンの亡霊」と呼ばれ地球連邦軍将兵に畏怖されることになるララァ・スン突撃機動軍少尉のように、サイコ・コミュニケーター（Psycho Communicator：以下、サイコミュ）を操作し得るほどの感応波放出能力を有する人材を「本物」と定義するのであれば、たしかにフラナガン機関は幾人かの「本物のニュータイプ」を発見し、確保することができていたようだ。そのひとりが、マリオン・ウェルチと呼ばれる当時14歳の少女であり、クルスト・モーゼス博士が彼女という才能と出会ったことが、やがてEXAMシステムの開発に繋がってゆくのである。

では、マリオン・ウェルチとは、いかなる人物だったのだろうか。残念ながら、その来歴などはほとんど明らかになっていない。フラナガン機関絡みの資料の大半が終戦前後の混乱で散逸してしまった上、運良く地球連邦軍の手で回収されたものも機密の厚いヴェールに隠されてしまったためだ。マリオンは宇宙移民の貧しい家庭の生まれであったと伝えられているが、家族構成その他は明らかになっておらず、彼女がフラナガン機関行きを自ら希望したのか、あるいは強制されたのかについても判然としない。ただし、数少ない証言によれば、少なくとも彼女が同機関で行われていた各種実験に、協力的な態度を示していたことは事実のようだ。マリオンは、クルスト博士が中心となって調整を進めていた試作MS、YMS-06Z※1のチームに、テストパイロットとして配属されることになるのだが、特に反抗する素振りを見せることもなく、むしろ積極的に試験項目の消化に励んでいたという。

しかし、当初こそ良好に見えたクルスト博士とマリオンの関係は、次第に破綻していく。原因は、彼女が見せたニュータイプとしての能力にあった。最低限の操縦訓練しか受けていない14歳の少女がサイコミュを介して有線式ビットを巧みに操り、次々と仮想ターゲットを撃ち抜いていく姿を見て開発スタッフの多くは喜びに湧いたが、その一方でクルスト博士の顔は恐怖で青ざめていったという。彼は、飛躍するマリオンの後ろ姿から、現生人類がオールドタイプと見做されるに留まらず、ニュータイプによって駆逐されるという暗い未来を垣間見ていたのである。かくして、「ニュータイプ脅威論」とでも表現すべき独特の持論を確立するに至ったクルスト博士は、独自にニュータイプへの対抗策の構築に乗り出すことになる。これが「ニュータイプを裁く（Examination）もの」として「EXAMシステム」と名付けられることになる一連のソフトウェア、及びハードウェアの開発に至る出発点であった。

●EXAMシステムの誕生

ニュータイプがオールドタイプたる現生人類を滅ぼすという半ば強迫観念めいた持論に取り憑(つ)かれたクルスト・モーゼス博士は、YMS-06Zの開発プロジェクトを進める傍(かたわ)らで、やがて起こるであろう生存競争に備えて、オールドタイプが生き残る手段を模索しようと独自の研究に着手した。

その初期段階においてクルスト博士は、しばしばニュータイプと目されるパイロットが、まるで予知したかのように敵の攻撃を回避するという事例に着目。こうした不可解な勘の良さを「殺気を感知した結果」と仮定した上で、「殺気」とは攻撃動作に入る際に発せられる脳波の一種であるとの推論を立てた。そして、YMS-06Zに搭載されていたサイコミュが、パイロットの特殊な脳波である「感応波(サイコ・ウェーブ)」をキャッチして攻撃端末の操作に活かすように、敵パイロットが攻撃の意思として発する脳波をすくい上げることはできないかと思い立つ。つまるところ、「殺気」を機械的に検出しようというのだ。誤解を恐れずに、あえて大雑把な言い方をすれば「脳波の検出対象を内向きから外向きへと反転させたサイコミュ」といったコンセプトこそが、EXAMシステムの出発点にあったわけである。

EXAMシステム搭載機が現存せず、開発資料の大半もまた喪失している都合上、その内部機構については不明な点が多いが、数少ない資料や証言から推察するにEXAMシステムとは、概(おおむ)ね次のような仕組みであったようだ。

まず、サイコミュを応用したモニタリング・ユニットを通じて、戦闘区域に満ちている脳波をキャッチする。次に、そのデータを専用の演算装置でリアルタイムに処理することで、自機に対する「殺気」に該当する攻撃意思を抽出、計測された脳波の放出位置との位置関係、さらには映像処理の結果から割り出した敵機の攻撃手段、脅威判定などを複合して、自機がとるべき最適な回避行動――あるいは攻撃行動――を導き出す。その際、オールドタイプと仮定されるパイロットによる操縦と、EXAMシステムによる判断が競合した場合は、後者が優先される仕様とし、オペレーティング・システム（以下、OS）を介した機体制御への強制介入を実行に移すのだ。つまり、EXAMシステムとは、瞬間的な自律制御という形でパイロットに対して「ニュータイプ的な勘」を付与する仕組みといえた。

そして、もっとも重要なのは、敵機のパイロットがニュータイプであった場合の挙動だ。EXAMシステムがニュータイプの発する感応波を検知した場合、OSを介して熱核反応炉や推進系のリミッターを一時的に解除し、限界を超えた戦闘機動を自機に強制する。ニュータイプが放つ感応波(サイコ・ウェーブ)は、サイコミュを通じて攻撃端末を正確に操作し得るほどの情報量を含んでいるわけで、それを検知し、解析することができれば、理論上は一般的な「殺気」から判別できること以上の精度で敵機の行動を予測することが可能となる。EXAMシステムは、この行動予測に基づいて自機を完全自律制御状態に置くことで、リミッターカット状態の圧倒的機動力を活かして「ニュータイプの殲滅(せんめつ)」を図るのだ。

ただし、コンセプトが確立されたとしても、それを実際に機能するシステムとして作り上げるとなると、そう簡単にはいかない。感応波(サイコ・ウェーブ)を含む厖大(ぼうだい)な脳波を収集できたとして、その中から何を基準として自機に対する攻撃意思と判定するのか。「本物のニュータイプ」とされる人々とて、それを説明しろといわれても決してできないだろう。彼らは本能的に殺気を感じ取り、直感に従って反射的に機体を制御しているに過ぎないのだ。その情報処理に厖大(ぼうだい)な演算能力が必要だと直感したクルスト博士は、自身のプロジェクトに割り当てられた研究費の大半を投じて、当時最高水準の処理能力を有していた軍用規格演算装置を4基調達し、MSへの搭載を前提とした調整作業を進めさせたという。こうしてハードウェアの準備は着々と進展することとなるが、一方で「殺気」の抽出を担うソフトウェア開発は遅々として進まなかった。

だが、ここでクルスト博士にとっての幸運であり、マリオンにとっては悲運となる出来事が起こる。サイコミュ関連の実験中に起こった偶発的な事故により、被験者であったマリオンが心神喪失状態に陥(おちい)ってしまったのだ。

サイコミュとは、強力な戦闘能力を発揮するための道具であるものの、非常に危うい一面がある。関連技術が飛躍的な発展を遂げたグリプス戦役以降でさえ、サイコミュからの感応波の逆流現象によって、パイロットが廃人同然と化すケースがたびたび報告されているほどなのだ。ましてや、サイコミュ黎明(れいめい)期であった一年戦争当時であれば、いったいどれほどの危険性があったことか。マリオンが遭遇した「事故」がいかなる現象であったのかは判然としないが、実験機に搭載されていたサイコミュが関連していた疑いは、極めて濃厚といえるだろう。

ともかく、この事故に際して記録された「マリオンの感応波(サイコ・ウェーブ)」が、EXAMシステムの確立という扉を開く鍵となった。彼女が感じ取り反応したのであろう「殺気」、あるいは彼女が放ったであろう「殺気」を含む莫大な脳波データが、実験機の観測のためにリアルタイム接続されていた4基の演算装置のメモリに、克明に記録されていたのである。クルスト博士は、これらを「殺気」判定の基準とすることでEXAMシステムのソフトウェア開発を推し進め、やがて機械的に「ニュータイプ的な勘」を再現することに成功したのだった。ただし、マリオンの脳波データに関しては、バックアップのために複製が試みられたものの原因不明のエラーが多発し、ついに完全複製は実現しなかったと伝えられている。それゆえEXAMシステムのコアユニット製作にあたっては、すでにデータが記録されていた演算装置そのものを用いざるを得ず、結果的に4基が完成するに留まったのだという。

MS-08TX EFREET

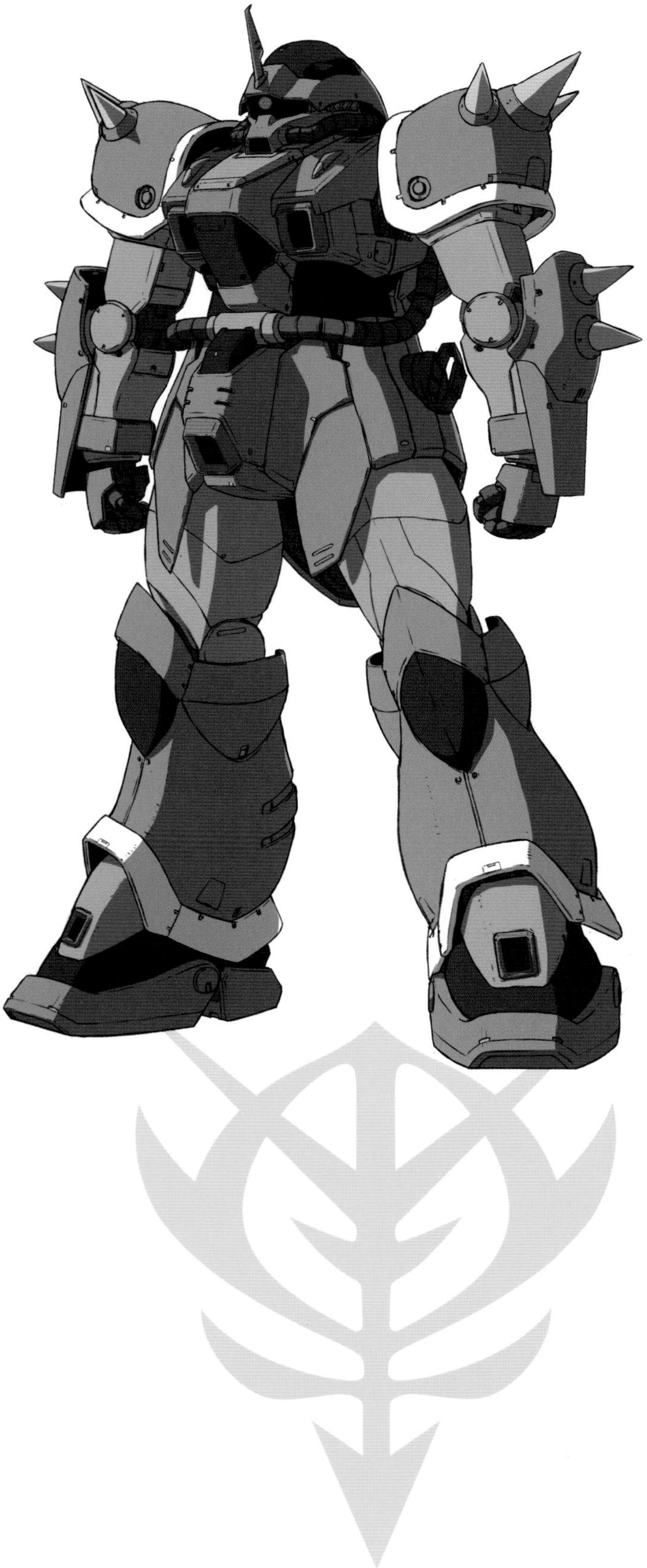

【イフリート】

型式番号	MS-08TX
頭頂高	18.1m
重量	50.4t
装甲材質	不明
出力	1,072KW
推力	67,000kg
センサー有効半径	不明
武装	ショットガン ヒート・サーベル スモーク・ディスチャージャー ヒート・ランス ビーム・サーベル×2 3連装35mmガトリング砲 ジャイアント・バズ ほか

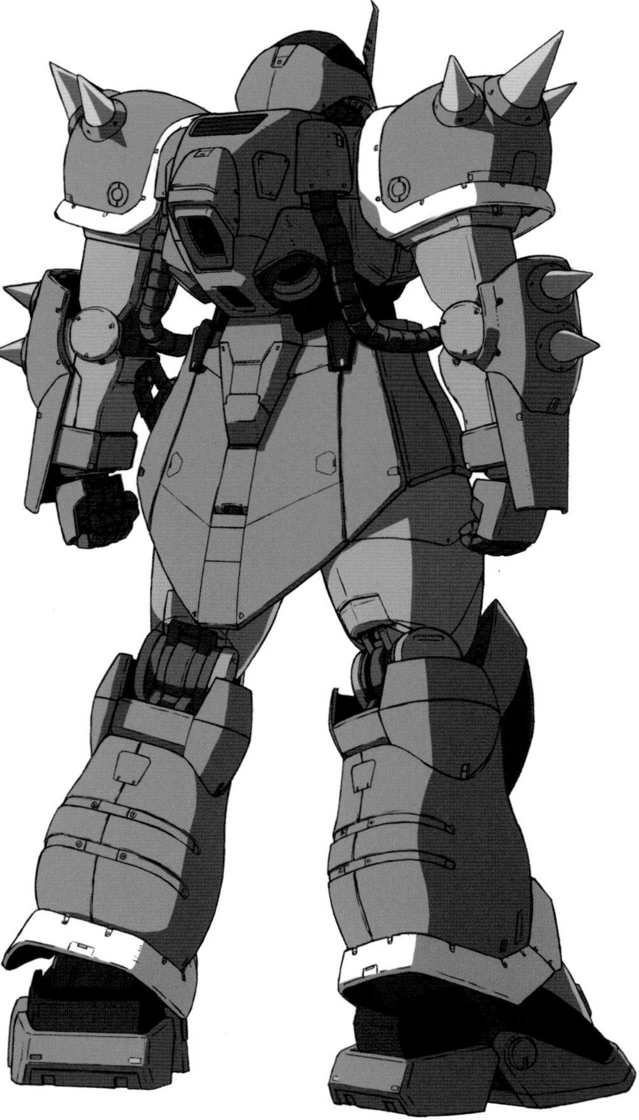

■MS-08TX【前面】

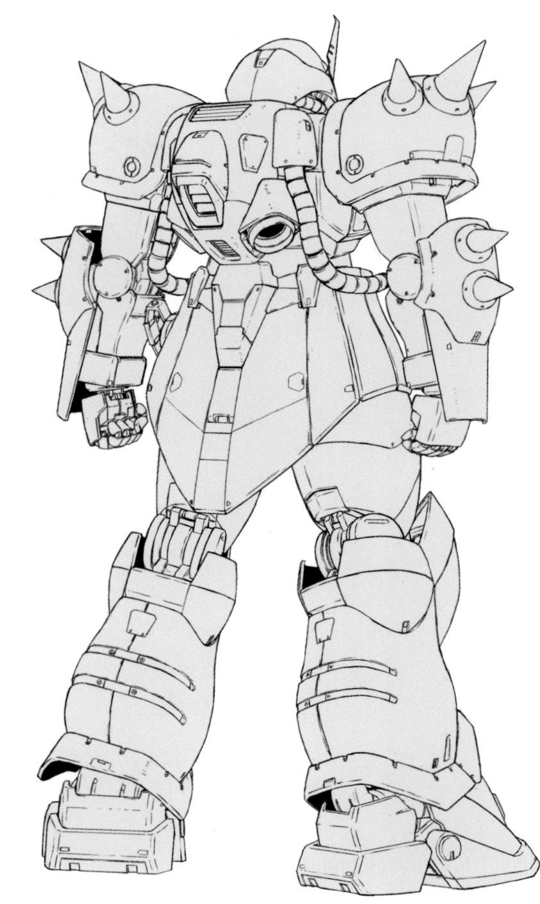
■MS-08TX【背面】

【MS-08TX〈イフリート〉】

MS-08TX〈イフリート〉は次期陸戦用MSのコンペで破れ、YMS-07A〈プロトタイプグフ〉に統合されたYMS-08A〈高機動型試作機〉と同じ08ナンバーを持つが、その素性はMS-07C-5〈グフ試作実験機〉に近く、MS-07〈グフ〉とMS-09〈ドム〉のハイブリッド機として設計されたといわれている。

後に開発されるMS-14A〈ゲルググ〉さえも凌駕する陸戦での高推力を誇る機体だったが、ごく限定的な生産で、定説ではわずか8機しか作られなかったとされる。制式の型式記号が付与されながら量産に至らなかった理由は明確ではない。後世様々にその理由が推測されてはいるが、ジオン公国軍内部における覇権争いの煽りを食ったというのが妥当なところであろう。稼働可能で実戦運用に供された機体が8機であれば、モビルスーツの通常開発手順からいえば、無可動や駆動実験機体を含めればアッセンブルされた機体は1ダース程度はあり、消耗部位を含めた交換用ユニットも同程度の機数分は作られているはずである。

〈イフリート〉は、マ・クベ大佐にも気に入られていたようで、第17MS小隊特殊任務班ウルフ・ガー隊の隊長機として配備されたほか、オデッサ基地では特殊なジャミング装置と外熱反応処理を施したMS-08TX/N〈イフリート・ナハト〉へ改造されている。

一方で、キシリア直属の地上部隊にも配備されており、マルコシアス隊G小隊の機体は、地上で隊長機として運用されただけでなく、U.C.0096年のトリントン基地襲撃事件では、MS-08TX/S〈イフリート・シュナイド〉へ改造されてジオン残党軍の機体として運用され続けていた。またキリー・ギャレット麾下の地球方面軍第2地上機動師団第11MS大隊司令部付き特務小隊ノイジー・フェアリー隊にも配備されており、ここでは大胆に狙撃仕様へ改造が施され、MS-08TX[NF]〈イフリート・イェーガー〉として北米戦線を戦ったといわれている。

MS-08TX [EXAM] EFREET CUSTOM

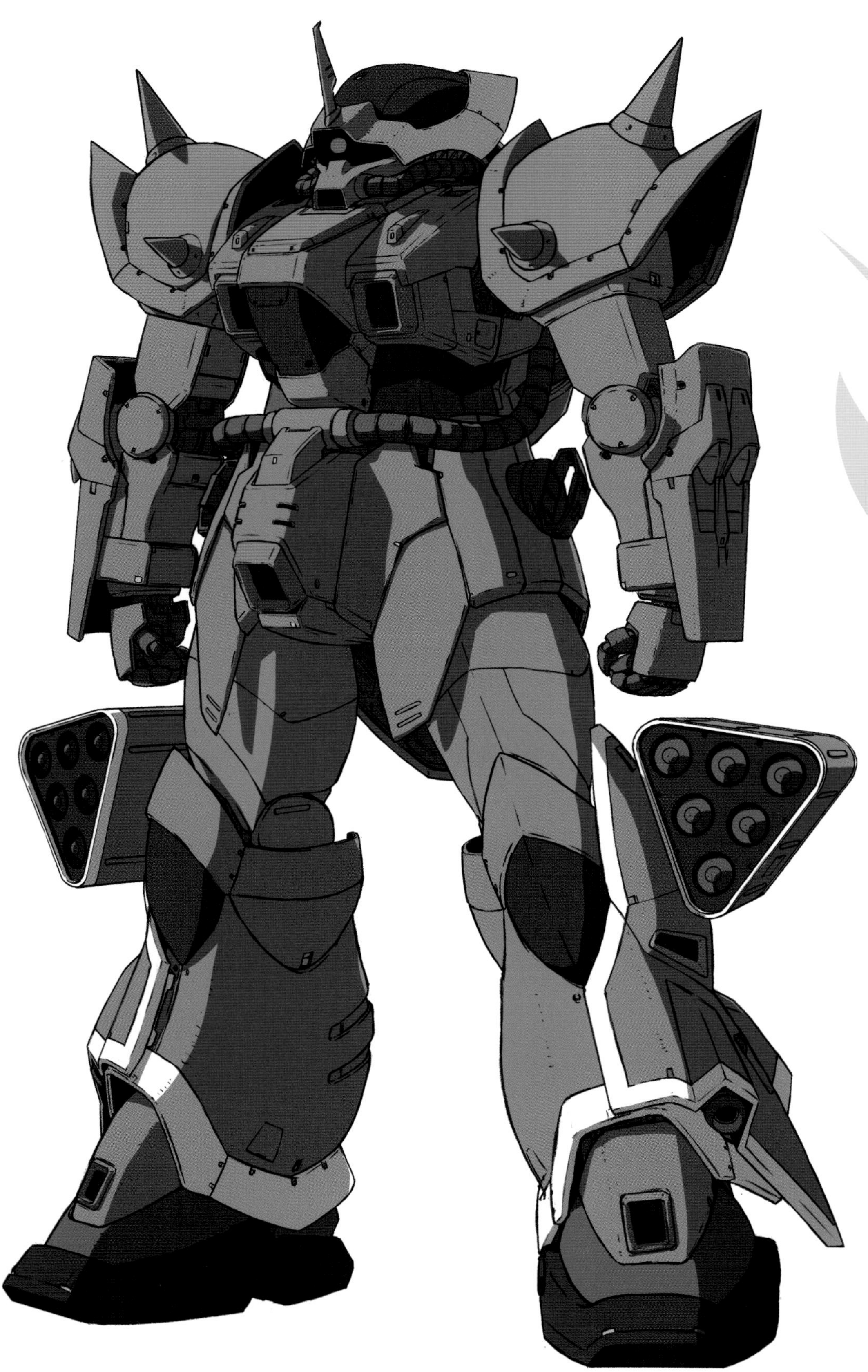

【イフリート改】

型式番号	MS-08TX
頭頂高	17.2m
重量	59.4t
装甲材質	超硬スチール合金
出力	不明
推力	不明
センサー有効半径	不明
武装	ヒート・サーベル×2 脚部6連装ミサイルポッド×2 脚部2連装グレネードランチャー×2

MS-08TX [EXAM] EFREET CUSTOM

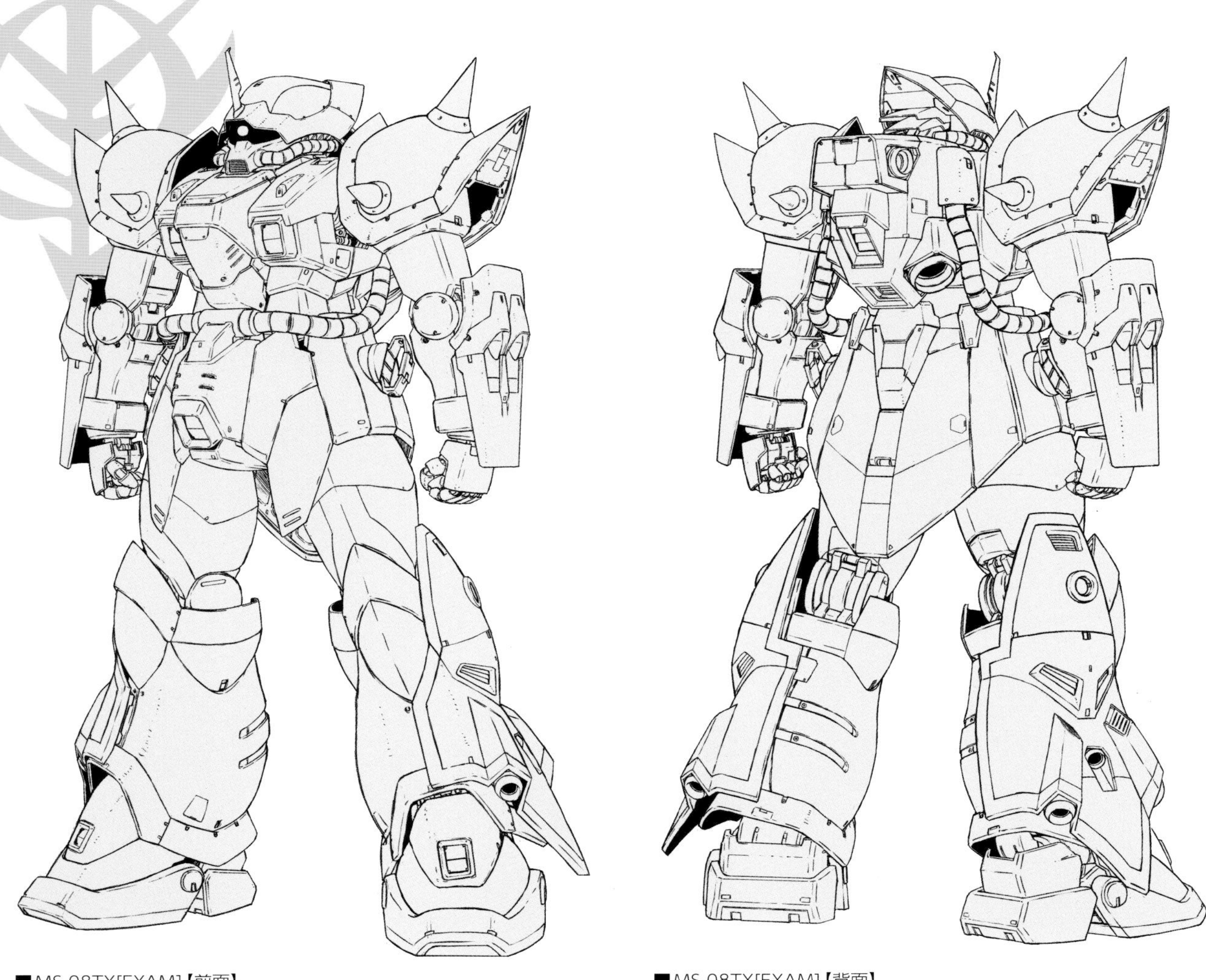

■MS-08TX[EXAM]【前面】

■MS-08TX[EXAM]【背面】

【MS-08TX[EXAM]〈イフリート改〉】

EXAMシステムのコアユニットが完成に近づく中で、クルスト・モーゼス博士は、これを搭載すべきMS側の準備にも着手した。その際、母体として選ばれたのはMS-08TX〈イフリート〉と呼ばれる、当時最新鋭の陸戦用MSであった。

この機体が選定されたことには、いくつかの理由が考えられる。まず地球侵攻作戦の発令に伴い、戦線が地球上へと移っていたことである※2。EXAM搭載機を実戦投入するのであれば、必然的に陸戦用MSが最適であると判断されたのであろう。

またMS-08TXは、生産性や操縦性に難点が指摘されて大量生産には至らなかったものの、機体構造に余裕があり、カスタマイズに適していた点も無視できない。事実、MS-08TXはわずか8機という総生産数であるにも関わらず、ジャミング機能を盛り込んだステルス機や遠距離狙撃のみならず近距離戦闘にも対応可能なスナイパー機など、特殊仕様に改装された例が複数見受けられるほどなのだ。

※2
一説によれば、本機をベースとして宇宙空間での運用を想定した仕様の検討も進められていたらしい。推進系を熱核ロケットに換装しつつ、プロペラント・タンクを2基装着するという案であったようだが、実際に該当仕様の機体が作られたのか否かは判然としていない。

MS-08TX[EXAM]〈イフリート改〉は、キャリフォルニア・ベースにおける戦闘でニムバス隊機をロストしたが、その機体部品はレプス小隊の隊長機などに流用された。

何より、MS-08TXが近接戦闘に特化した機体として設計されていた点も無視できない。EXAMシステムの肝は、先述のとおり「ニュータイプ的な勘」の機械的再現にあった。システム側からの機体制御への強制介入があったとして、それに機体の動きが追いつかなければ先読み的な回避とはなり得ない。その点、近接戦闘に備え、優れた機動性とレスポンスを与えられていたMS-08TXは打ってつけといえた。さらに先述のとおりクルスト博士は、EXAMシステムに推進系や熱核反応炉に対してかけられているリミッターを制御させ、一時的に推力やジェネレーター出力を増加させる機能を盛り込むことを目指していた。こうした措置により、尋常ならざる戦闘機動を実現させようというわけである。必然、システム発動時に機体フレームにかかる負荷は想像を絶するものとなる。ゆえにこそ、機体構造が堅牢かつ柔軟性に優れているとの評価があったMS-08TXが、素体として選ばれたわけである。

ただし、そのままEXAMシステムを搭載しただけでは、限界を超えた稼働を強いられた機体は、早々にオーバーヒートしていたことだろう。まずもって超高性能演算装置を中核とするコアユニットは発熱量が凄まじく、これを搭載する頭部ユニットに対する冷却機構の強化は必須であった。そこで頭部ユニットを大型化したうえで、固定武装のバルカン砲をオミットし、コアユニットと冷却機構を組み込んだといわれている。また、メインジェネレーターが内蔵されている胴体ユニットについても、排熱機構を強化し、リミッターカット時の稼働時間を延長する試みが行われたようだ。これらの措置に加え、脚部ユニット側面に補助推進装置を増設するなど、根本から推力の嵩(かさ)増しも行われたという。

こうした機体そのものへの改良に加え、武装面も一新された。2連装グレネード・ランチャーを腕部に、6連装ミサイル・ポッドを脚部にそれぞれ追加。ブレードの最大発熱量を高めた改良型のヒート・サーベルも2基、ランドセル（背部バックパック）に吊り下げる形で携行させている。こうした武装面の選択については、フラナガン機関所属のテストパイロットであり、本機の専任パイロットに内定していたニムバス・シュターゼン大尉の希望も影響していたとの証言もある。「ジオンの騎士」を自称する彼は近接戦闘を好む傾向があり、ヒート・サーベルを両手に保持するスタイルを得意としたとのことである。

【クルスト博士の亡命】

MS-08TX[EXAM] へのシステムの実装が一応の完了を見てからほどなく、ひとつの事件が起こる。開発プロジェクトを牽引してきたクルスト・モーゼス博士その人が、あろうことか地球連邦へと亡命してしまったのだ。

その動機については、MS-08TX[EXAM] の改修過程でジオン公国陣営のMSに限界を感じたからであるとも、ニュータイプの軍事利用に邁進し、これに対抗する手段としてのEXAMシステムの研究続行に消極的であったフラナガン機関の方針に反発したためともいわれているが、正確なところは定かではない。ともかく彼は、MS-08TX[EXAM] への実装が完了していた1基を除くEXAMシステムのコアユニット3基と、尨大な研究データを手土産に地球連邦軍に接触。EXAMシステムの研究続行に対する全面的な支援を条件に、亡命を果たしたのだ。

この事態を受けてジオン公国突撃機動軍上層部は、まずフラナガン機関に対して漏洩したデータを精査するように命じたという。その結果、クルスト博士が持ち出したのは、いずれもEXAMシステムに関わるものばかりであり、もっとも恐れていたサイコミュ・デバイスの設計データその他については、ほとんどが手つかずであったことが判明する。おそらく、ニュータイプの殲滅という自身の目的を実現するには、地球連邦側でニュータイプの軍事利用が進むような事態は避けたかったのであろう。ともかく秘中の秘であったサイコミュ関連技術が無事であったことを知ると、突撃機動軍の上層部はクルスト博士亡命の脅威度を低く見積もったようだ。この時点で、MS-08TX[EXAM] はシステムの実装こそ済んでいたものの調整作業は完了しておらず、実戦投入できるレベルではなかった。亡命そのものを問題視しなかったわけではないが、何ら実績を出すことのできていない実験機の開発主任が消えたという程度の認識であったのだ。そのため、貴重な特務部隊を割いての追撃は行わず、フラナガン機関に取り残される形になったEXAM開発チームに対して、MS-08TX[EXAM] の最終調整を急ぐように命じつつ、その

実戦テストを兼ねてクルスト博士を追うようにと命令したのだった。

たしかにEXAM開発チームには、MS-08TX[EXAM]の専任テストパイロットでもあったニムバス・シュターゼン大尉をはじめ、優秀なパイロットやメカニックが在籍しており、小隊規模の部隊を編成することは可能ではあった。しかしながら、彼らの目的は兵器開発であり、実働部隊としての経験があったわけではない。そんな彼らにクルスト博士を追うように命じるなど、まごうことなき懲罰人事である。だが、プロジェクトの一員として開発に関与していたからこそ、EXAMシステムの可能性を誰よりも熟知していたシュターゼン大尉は、クルスト博士の裏切りに対する報復を成したいと考えていたようで、むしろ積極的に上層部からの命令を受け入れ、早急に追撃体勢を整えていくことになる。

一方、亡命したクルスト博士は、自身の目的であるニュータイプ殲滅（せんめつ）の手段としてのEXAMシステムの完成を急ぐため、地球連邦軍から最大限の支援を得ようと躍起（やっき）になっていた。彼は対応した連邦軍将校に対して、ジオン公国におけるニュータイプ研究の進展状況を過大気味に伝え、その対抗手段の確立が急務であり、自分の考案した「新型OS」こそが切り札となり得るのだと主張したのである。

こうした「売り込み」に対して連邦軍上層部は検討を重ねた結果、レビル将軍の後押しもあって、本部施設たるジャブロー基地に彼を招き、開発が進められていた地球連邦軍製MSに関する情報を開示する判断を下している。未だにクルスト博士が間諜の類である可能性が否定できない状況ではあったが、トレノフ・Y・ミノフスキー博士という偉大な前例の存在もあり、情報漏洩のリスクよりも、亡命科学者の積極的登用によるメリットを採ったのだろう。以後、クルスト博士は、名目上はジャブロー工廠に籍を置きつつ、ほぼ独立したプロジェクトチームを編成、「MSの性能を最大限まで引き出す新型OS」との触れ込み で、EXAMシステムの研究に着手するのだった。

RGM-79[G] GM GROUND TYPE

【陸戦型ジム】

型式番号	RGM-79[G]
頭頂高	18.0m
本体重量	53.8t
全備重量	66.0t
装甲材質	ルナ・チタニウム合金
出力	1,150KW
推力	49,000kg
センサー有効半径	6,000m
武装	100mmマシンガン ビーム・サーベル×2 ミサイル・ランチャー ロケット・ランチャー ショート・シールド ほか

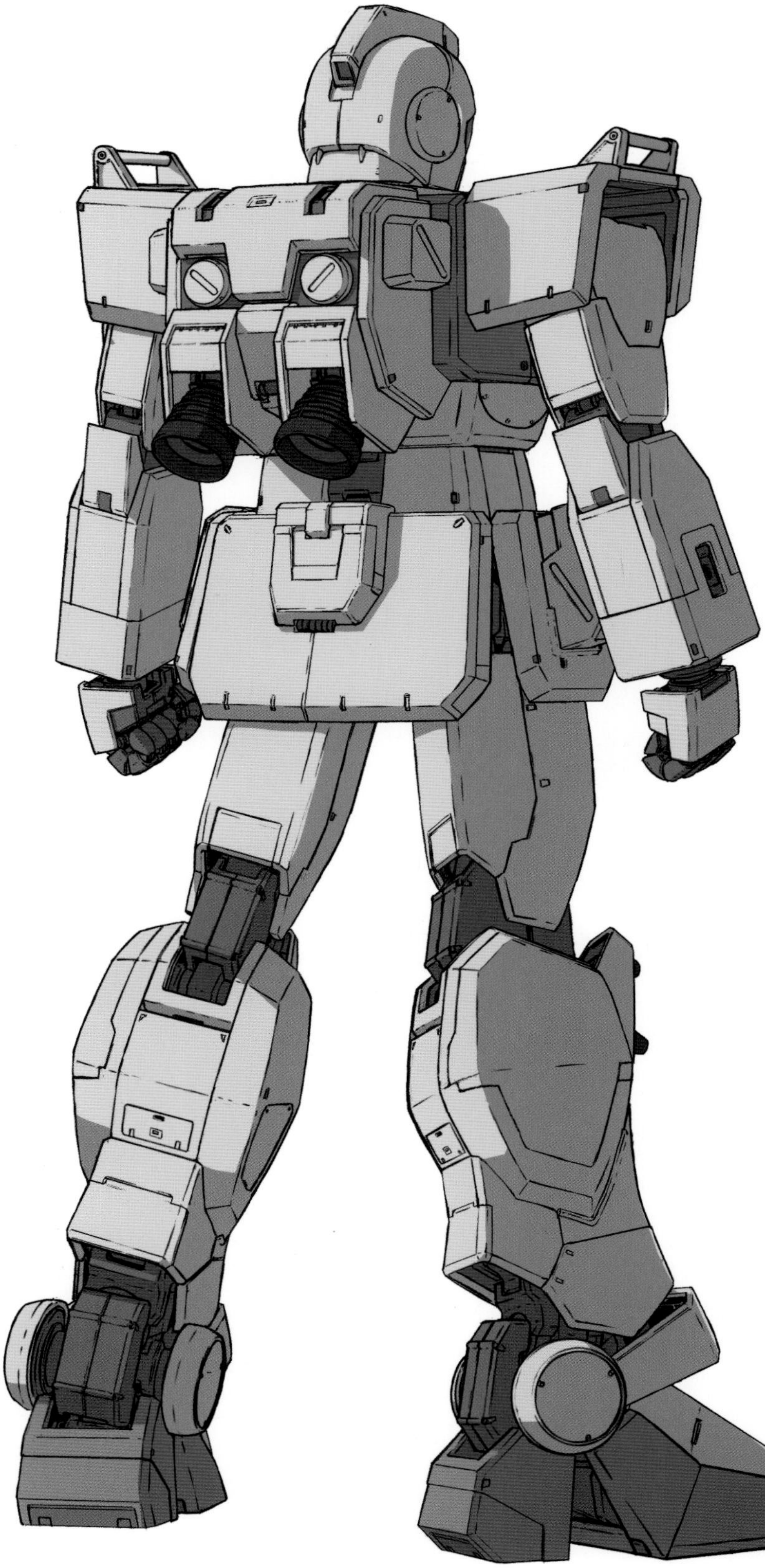

■RGM-79[G]【前面】

■RGM-79[G]【背面】

【RGM-79[G]〈陸戦型ジム〉】

U.C.0079年10月、クルスト博士は自身が率いることになるプロジェクトチームを発足させるなり、直ちに軍上層部に対して、EXAMシステム搭載実験機の母体とするためのMSを提供するように申請した。これを受けて同月3日に届けられたのが、ジャブロー工廠にて製造されたばかりのRGM-79[G]〈陸戦型ジム〉であり、さっそく博士はフラナガン機関から持ち込んだ3基のEXAMシステムのコアユニットのうち1基を試験的に搭載する決定を下している。こうして製造されたのが、〈ブルーディスティニー〉の愛称で呼ばれ、後にRX-79BDの型式番号を与えられることとなる実験機である。

ここではRX-79BDに触れる前に、そのベース基となったRGM-79[G]について簡単に振り返っておこう。RGM-79[G]は、RGM-79〈ジム〉シリーズの本格生産に先駆けて、ジャブロー工廠にて先行生産された機体群のひとつであり、後述するRX-79[G]〈陸戦型ガンダム〉に続く形で、その生産ラインを流用することで造られた。その関係上、コックピットレイアウトなど設計の大部分がRX-79[G]から引き継がれている一方で、ランドセルや頭部ユニットなどにはRGM-79用に開発が進められていた部品が利用されており、外見上も類似点と相違点が混在している。主に陸軍に配備され、極初期に編成されたMS部隊をよく支えたが、一方で初期モデル特有の問題も少なからず存在した。特に大きなネックとなったのが主機である。RGM-79向けのジェネレーターが採用されているのだが、排熱処理に問題を抱えており、リミッターをかけることで出力を1,250kwから1,150kwへと落とす処置が施されていたのだ。そのため、ビーム・ライフルを安定的に運用することができず、実体弾兵装を装備することが多かったともいわれている。むろん、大戦末期になると制式生産モデルのジェネレーターへの換装も順次行われたため、こうした問題も徐々に解決に向かったといわれている。しかしながら、EXAMシステム搭載のために送られた機体は、改修が行われてはいなかったため、案の定、その弱点を露呈することとなってしまうのだった。

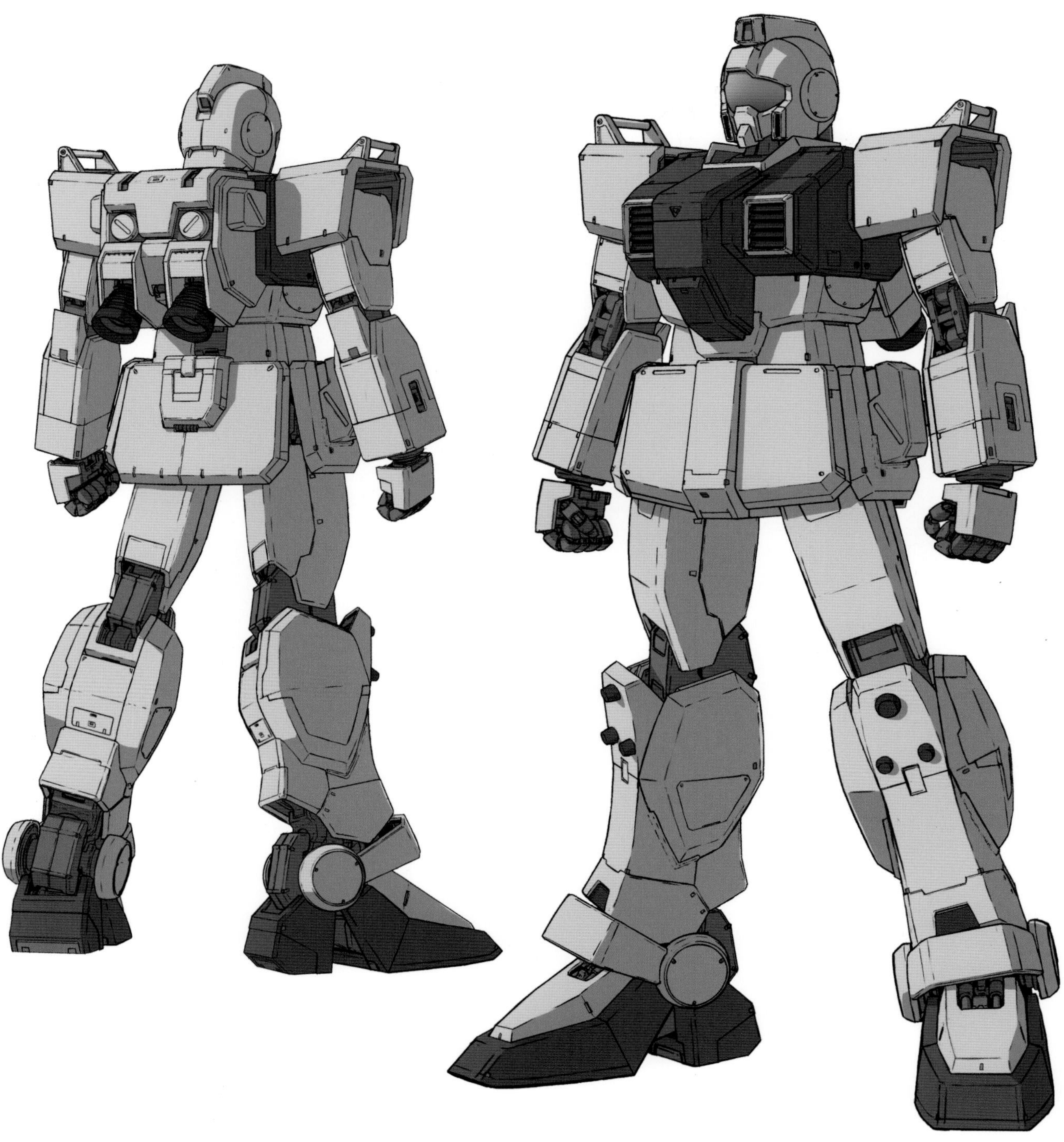

■欧州戦線仕様
RGM-79[G] 陸戦型ジムは地球上各地の戦線へ試験的に投入され、現地の状況に合わせた特有の迷彩が数種類確認されている。このタイプの迷彩は欧州など比較的寒冷な地域で用いられた迷彩タイプである。

RGM-79BD-0 BLUE DESTINY

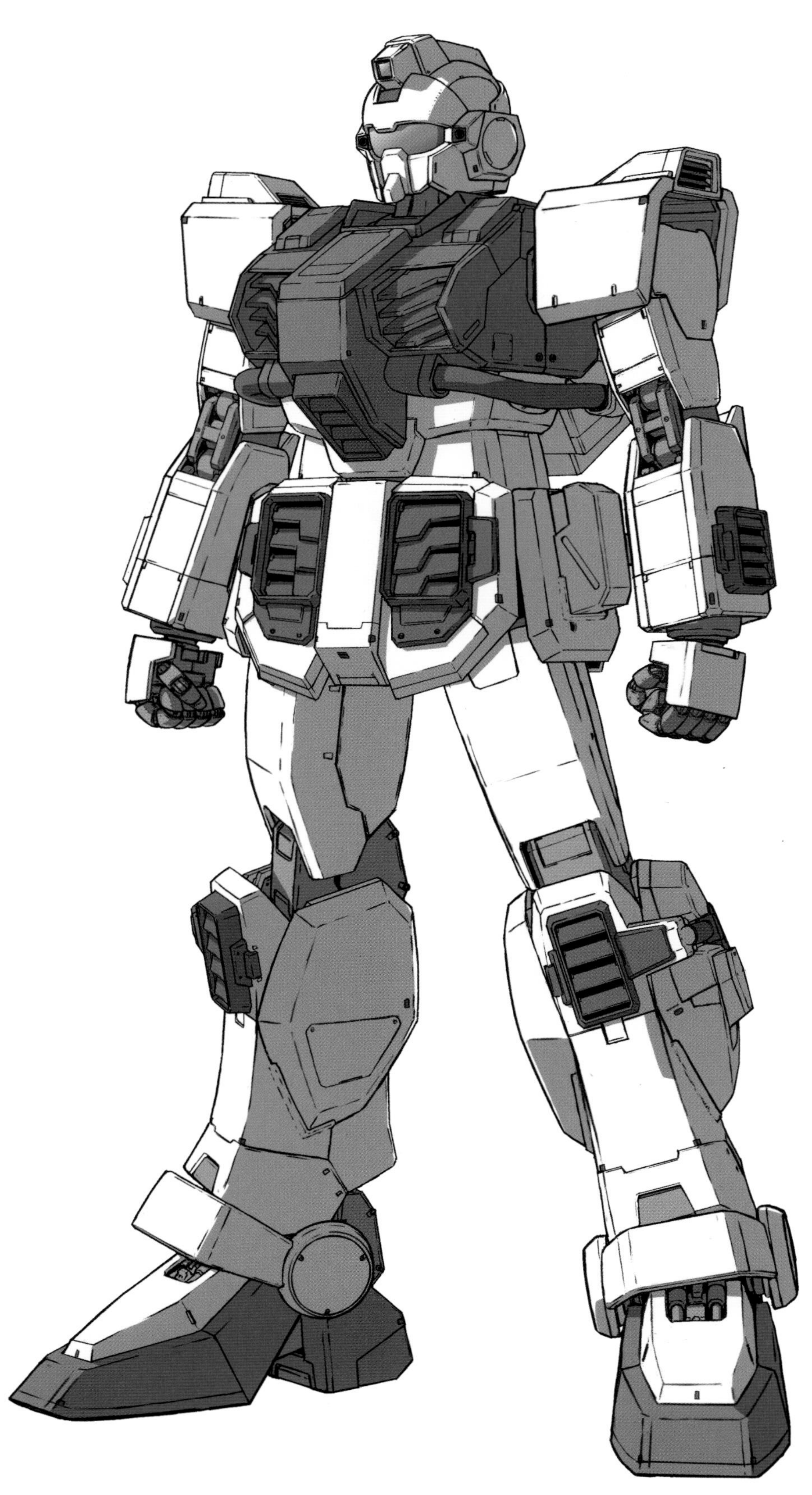

【ブルーディスティニー0号機】

型式番号	RGM-79BD-0
頭頂高	18.5m
本体重量	不明
全備重量	不明
装甲材質	ルナ・チタニウム合金
出力	不明
推力	不明
センサー有効半径	不明
武装	頭部バルカン砲×2

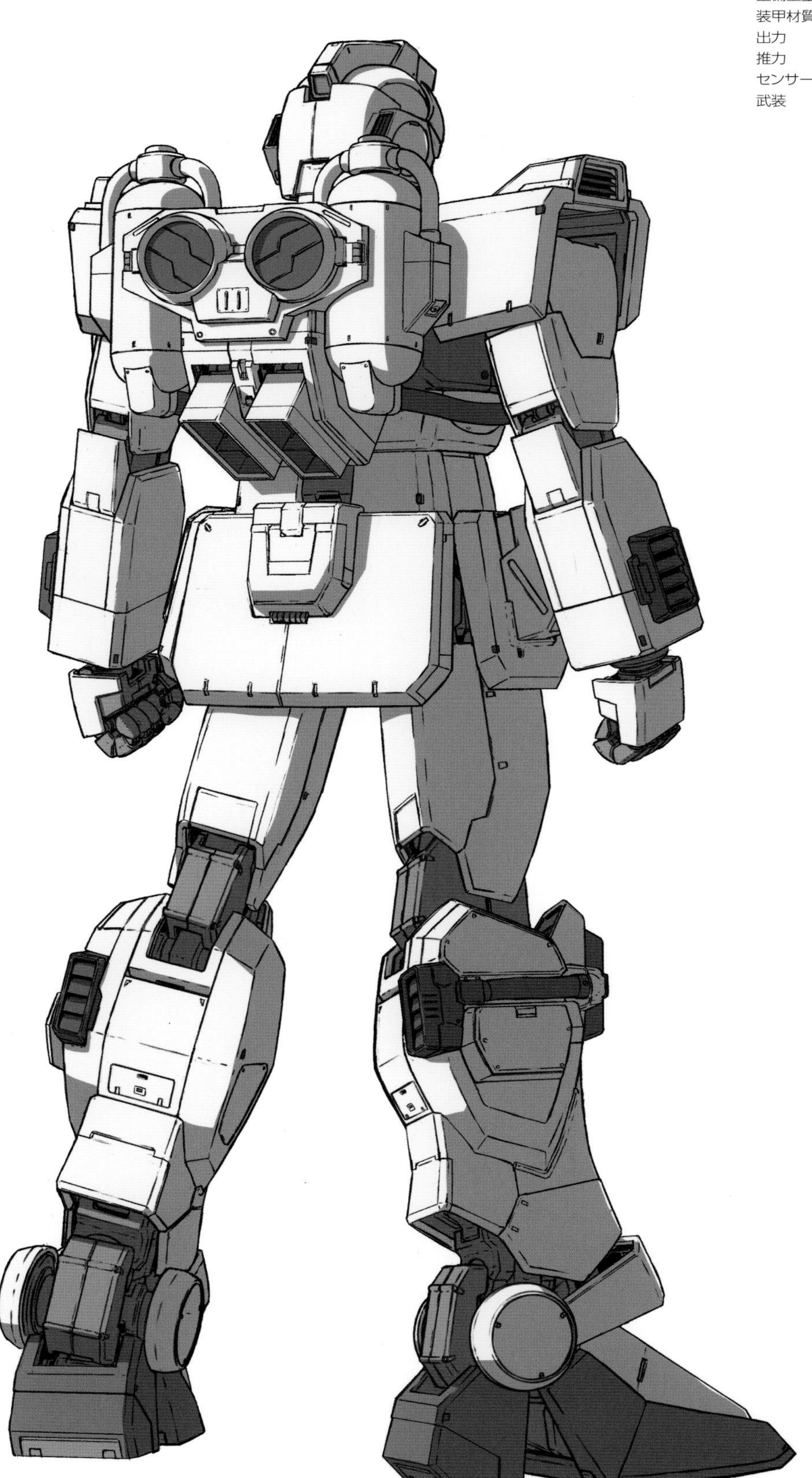

RGM-79BD-0 BLUE DESTINY

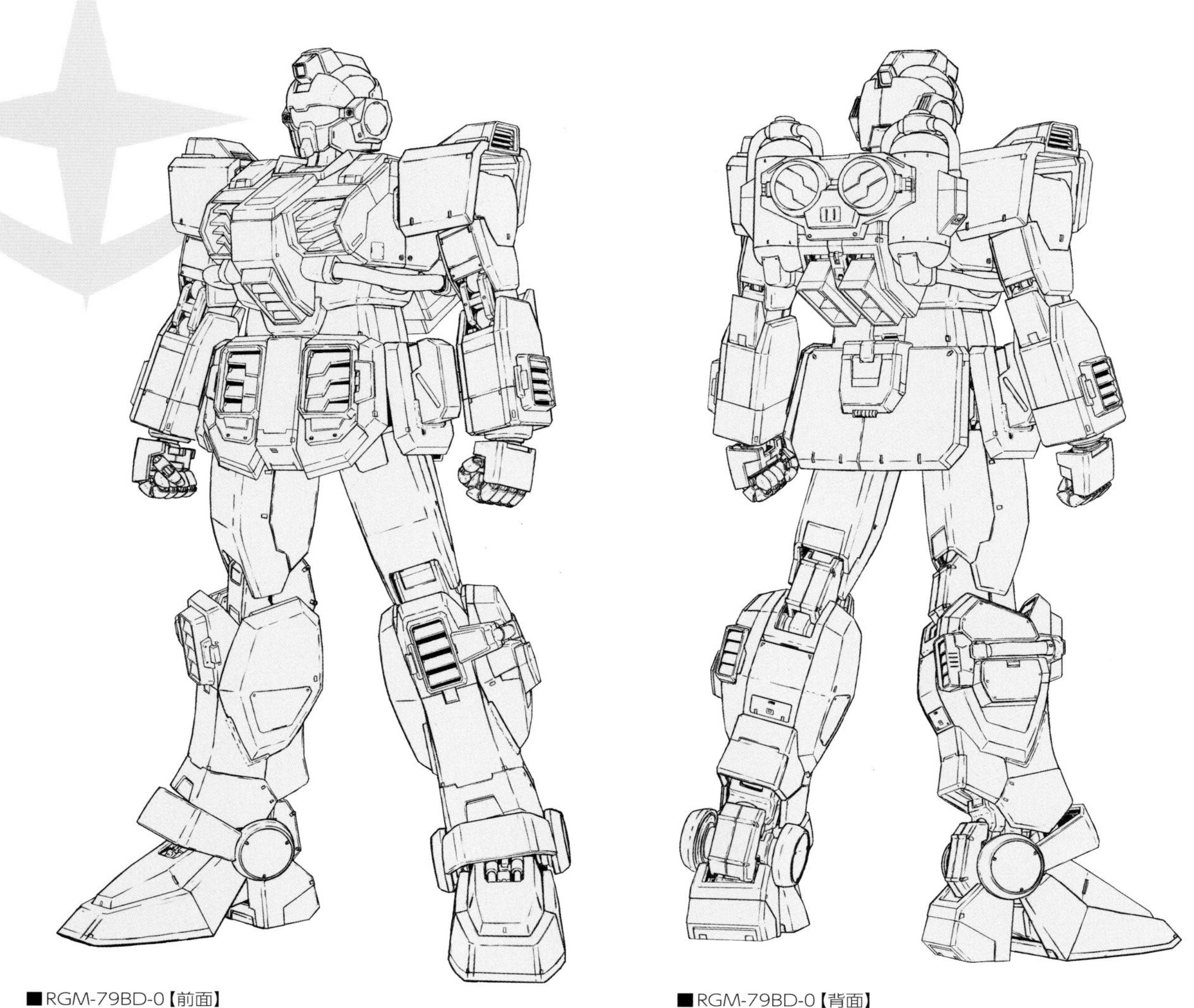

■RGM-79BD-0【前面】

■RGM-79BD-0【背面】

【RGM-79BD ／ RGM-79BD-0〈ブルーディスティニー〉】

　クルスト博士は、RGM-79BDを設計するにあたり、MS-08TX[EXAM]と同じアプローチを採ることとした。すなわちEXAMシステムのコアユニットを頭部に内蔵しつつ、機体に対して出力強化、冷却性能の向上を目的とした改良を加える、というものだ。ただし、いかに優秀な頭脳を持つ人材とはいえ、クルスト博士はジオン公国の出身であり、地球連邦陣営のMS技術に明るかったわけではない。そこで辣腕（らつわん）を振るうことになるのが、アルフ・カムラ技術大尉である。技術開発本部に在籍し、RGM-79[G]の設計に関与するなど、MS開発の最前線を見てきた彼がクルスト博士をサポートしたことで、地球連邦陣営における初のEXAMシステム搭載機となるRGM-79BDの設計、改修は急ピッチで進められることとなる。

MS-08TX[EXAM]の項でも紹介したとおり、EXAMシステムは機体の推進系や熱核反応炉に対するリミッターを一時的に解除することで、限界を超えた性能を発揮させる。その際に発生する熱への対応が、システム稼働時間に直結するだけに冷却性能の向上は欠かせない要素といえた。そこでカムラ技術大尉の助けを借りつつクルスト博士は、熱核反応炉が搭載された胴体ユニットの改良から着手した。まずメインとなる胸部排熱機構の開口部を広げつつ、冷媒用のタンクをランドセル側に増設し、パイプを通じて腹部正面に設置したダクトから放出するという、公国ではよく見られるタイプの冷却機構を導入している。これに加え、限界稼働時に熱を溜め込みがちな関節部を冷やすべく、腕部、腰部、脚部に補助冷却装置を増設。この処置に伴い、脚部のビーム・サーベル・マウントをオミットせざるを得なくなったが、ひとまずこの仕様で実験機の改良が進められたようだ。

しかし、いざテストを開始してみると、その結果は散々であった。システム起動時の負荷に機体が耐えられず、故障が多発したのである。特にジェネレーターの貧弱さが深刻であった。先述のとおり、RGM-79[G]のジェネレーターは排熱問題を抱えており、出力を1,150kwへと引き落としていた。それでも出力の値そのものは、1,072kWとされるMS-08を上回るものであったが、熱に対する弱さはリミッター解除を前提とするEXAMシステムにとって致命的であった。カムラ技術大尉の証言によれば、EXAMシステムを稼働させた場合、冷却機構をフル作動させてなお1分も保たずにオーバーヒートし、緊急停止を余儀なくされるという有様であったらしい。リミッター解除による限界稼働を前提としているだけに、その負荷に耐えられなければEXAMシステムは真価を発揮し得ない。クルスト博士は、この失敗を母体として用いたRGM-79[G]の限界であると判断、より強靭な機体構造と高出力を有するMSの提供を求め、結果としてRX-79[G]〈陸戦型ガンダム〉が回される運びとなる。以降、「ブルーディスティニー」の開発は、RX-79[G]を母体して行われており、本機はコアユニットを実装していた頭部を取り外され、放棄されている。こうした処置に伴い、RX-79BDは以降の機体と混同を避けるため、登録上の型式番号を未完成であることを示すRGM-79BD-0へと改め、〈0号機〉の通称で呼ばれることになるのだった。

RX-79[G] GUNDAM GROUND TYPE

【陸戦型ガンダム】
型式番号　RX-79[G]
頭頂高　18.0m
本体重量　52.8t
全備重量　73.0t
装甲材質　ルナ・チタニウム合金
出力　1,350KW
推力　52,000kg
センサー有効半径　5,900m
武装　胸部バルカン砲
マルチ・ランチャー
100mm/180mmマシンガン
ビーム・サーベル×2
バズーカ
ショート・シールド ほか

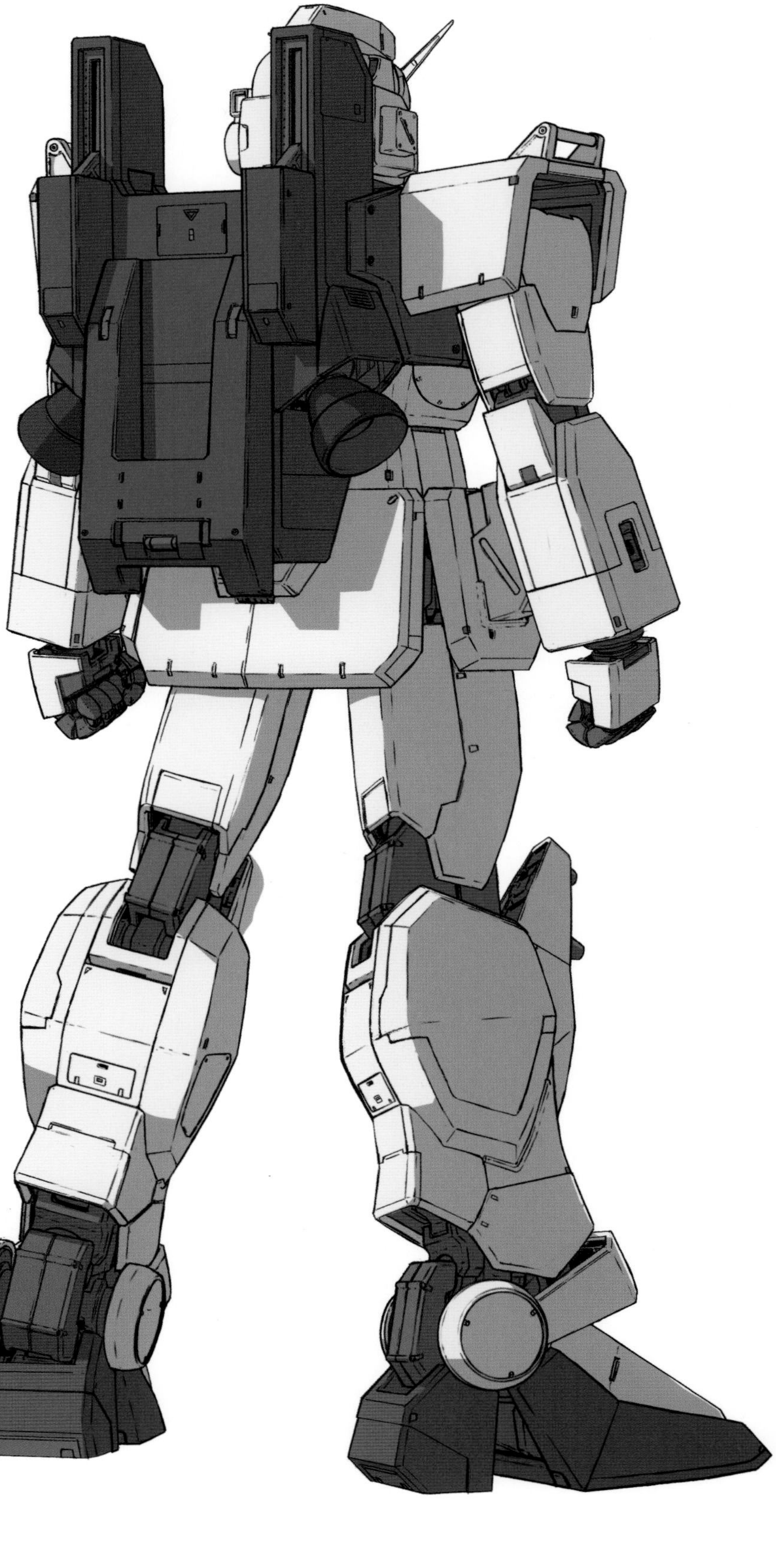

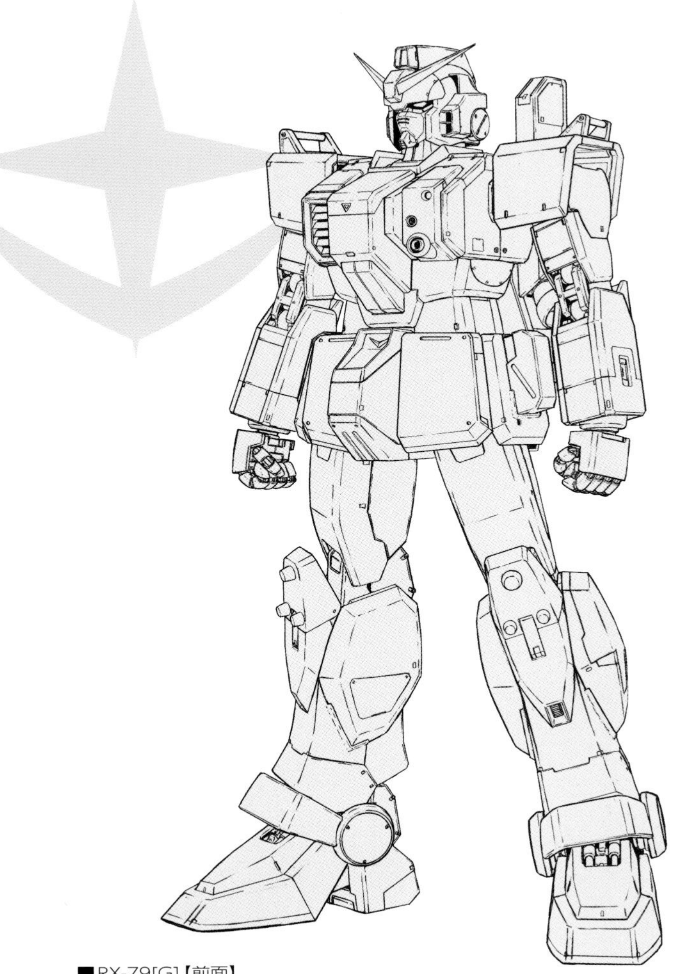

■RX-79[G]【前面】

■RX-79[G]【背面】

【RX-79[G]〈陸戦型ガンダム〉】

RGM-79[G]を母体としたEXAMシステム搭載実験が失敗に終わった後、クルスト博士のプロジェクトチームには、新たに３機のRX-79[G]〈陸戦型ガンダム〉が回された。ではRX-79[G]とは、いかなる機体であったのか。

しばしば〈先行量産型ガンダム〉とも呼ばれるように、RX-79[G]はジャブロー工廠(こうしょう)において極初期に製造された機体である。一刻も早いMSの投入を求める前線部隊からの声に押される形で造られたもので、V作戦の産物であるところのRX-78-2〈ガンダム〉製造時に生じた余剰部品を基とすることで、先行量産機という位置づけで20機余りが製造されたという。

ただし、生産を急ぐと同時にメンテナンス性も考慮した結果、あまりにも高価、かつ複雑な内部機構を有するRX-78-2と同仕様とすることは避け、相応の簡略化も図られている。具体的には、陸戦に不要な空間戦闘用の生命維持装置や姿勢制御装置を始め、高価な教育型コンピューターや内部機構が複雑化するコア・ブロック構造などがオミットされているのだ。結果的に、RX-79[G]の装甲形状はRX-78-2から大きくかけ離れることとなったが、一方で部品レベルでは同等品が利用されているためカタログスペックとして並ぶ数値は上々であり、ほどなく生産が開始されることになるRGM-79〈ジム〉の初期型と比べても、遜色ないどころか「高性能」といって良い水準の機体として完成している。そうした意味においては、新機軸のシステムを実験的に搭載する機体としては、申し分のないポテンシャルを秘めていたといえるだろう。特にRX-79BDにおいて問題となったジェネレーター周りは、より高出力であり、なおかつ安定性の面においても秀でていたようである。

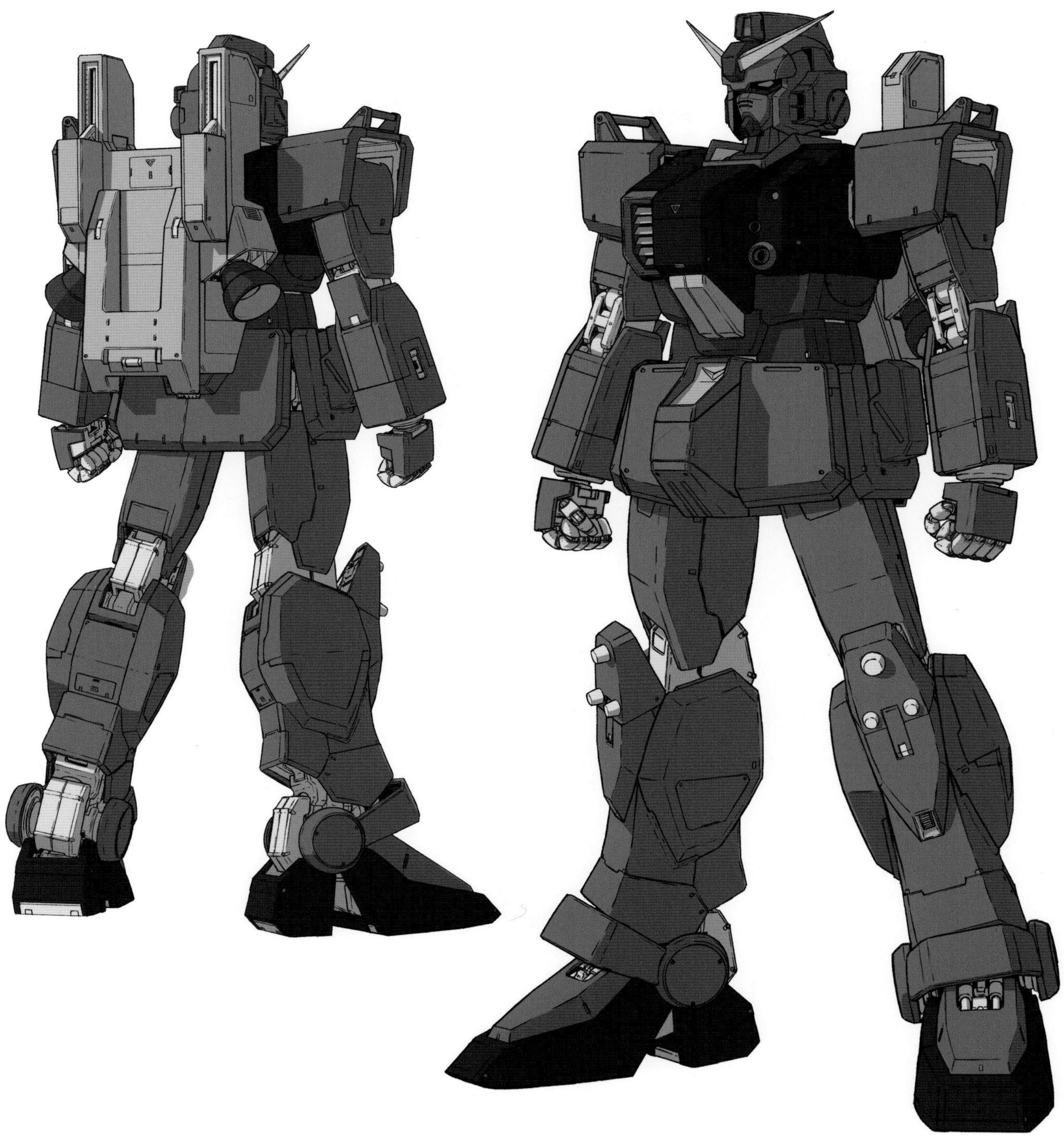

■市街地戦仕様
RX-79[G] 陸戦型ガンダムは地球上各地の戦線へ試験的に投入され、現地の状況に合わせた特有の迷彩が数種類確認されている。このタイプの迷彩はジオン公国軍に制圧された、あるいは制圧されそうな都市における戦闘に参加した機体に施されたもので、夜間迷彩とも呼ばれる。

RX-79BD-1 BLUE DESTINY

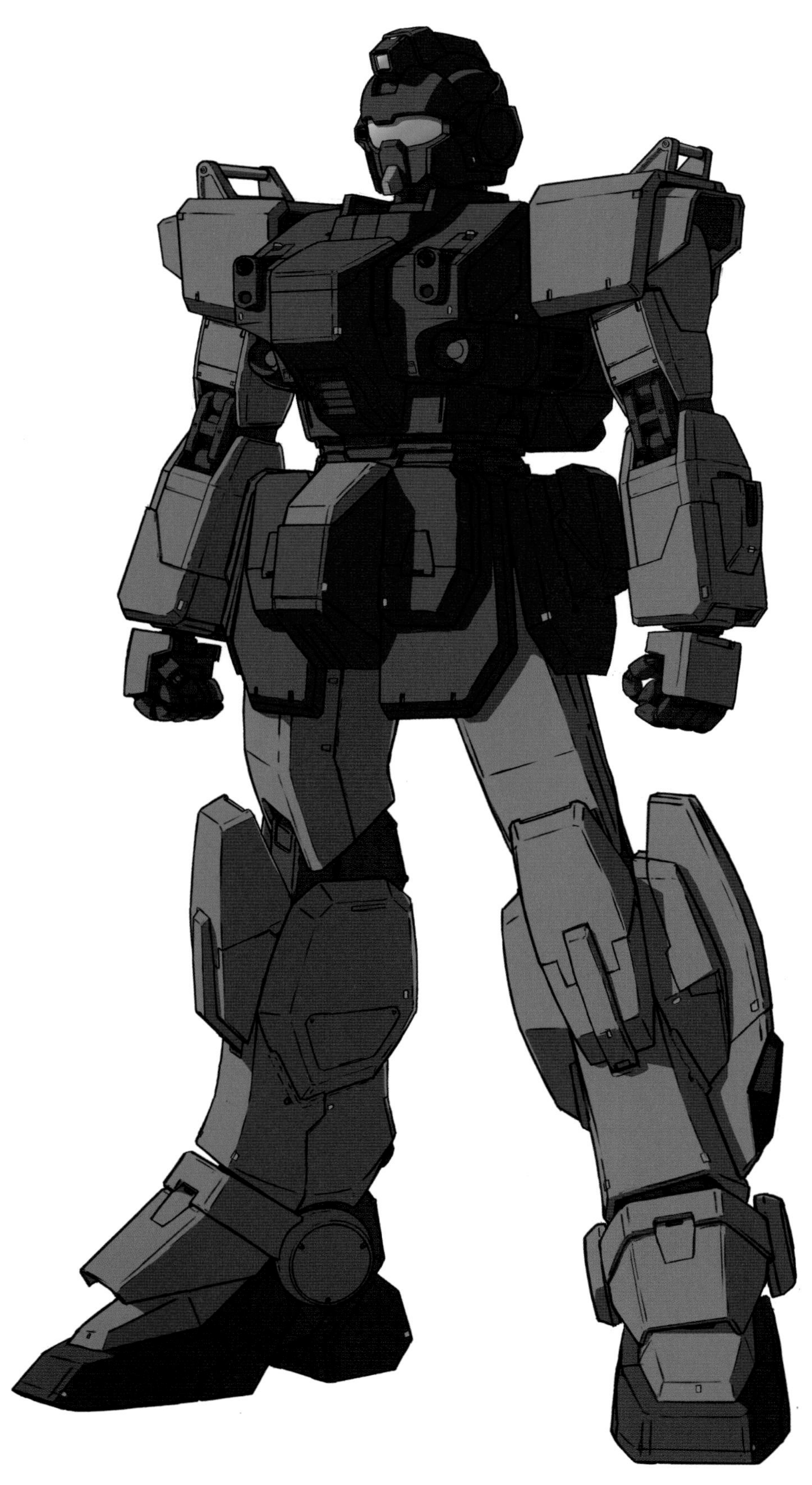

【ブルーディスティニー１号機】

型式番号	RX-79BD-1
頭頂高	18.5m
本体重量	52.8t
全備重量	73.0t
装甲材質	ルナ・チタニウム合金
出力	不明
推力	不明
センサー有効半径	不明
武装	頭部バルカン砲×2 胸部バルカン砲×2 有線ミサイルランチャー×2 100mmマシンガン ビーム・サーベル×2

RX-79BD-1 BLUE DESTINY

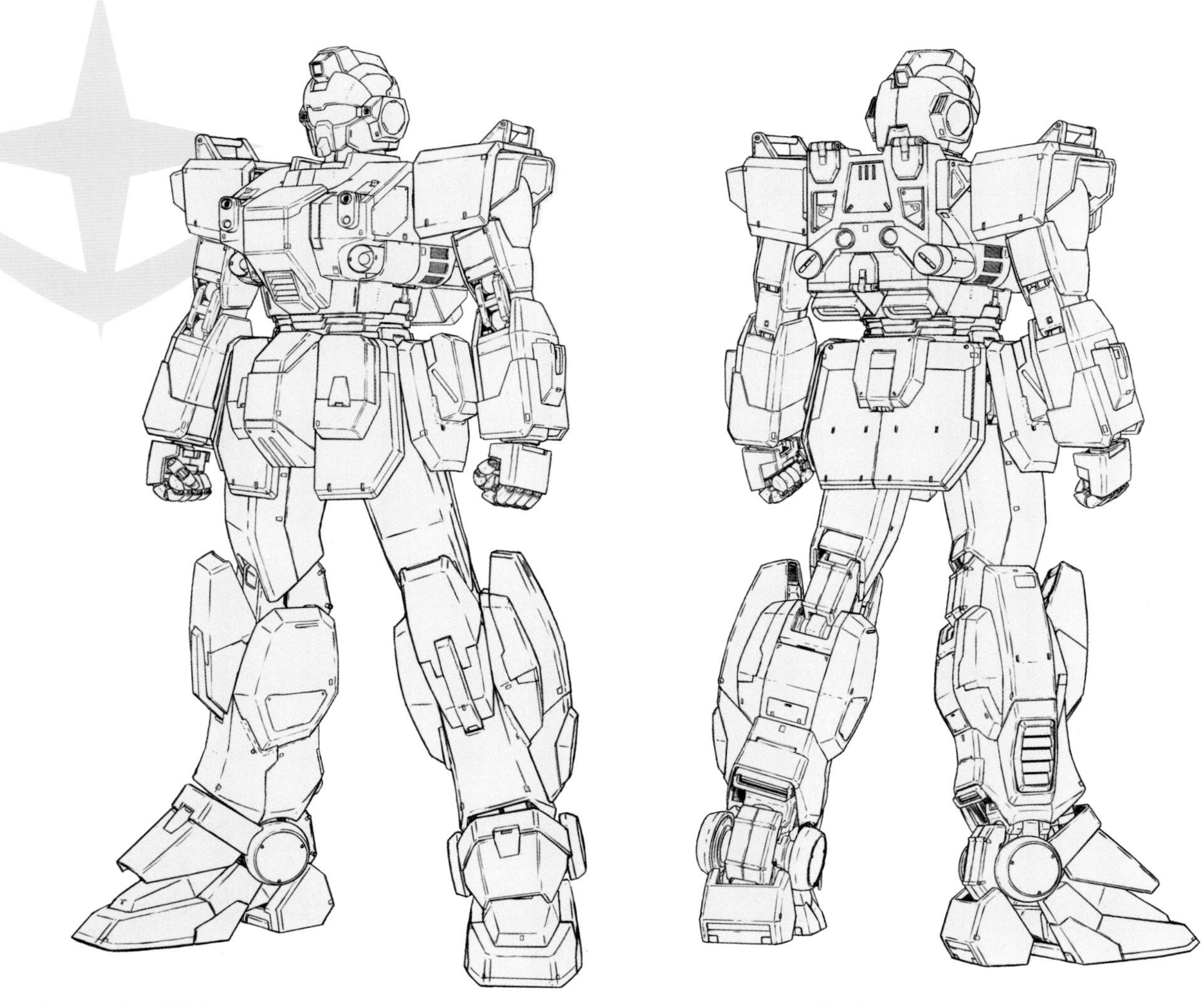

■RX-79BD-1【前面】

■RX-79BD-1【後面】

【RX-79BD-1〈ブルーディスティニー1号機〉】

ベース機をRX-79[G]に変更した後、最初に製造されたのがこのRX-79BD-1であり、プロジェクトチームの内部では、もっぱら「1号機」、また一部では「ジム・ブルーディステニー」とも呼ばれた。

母体として提供されたRX-79[G]は、前項で述べたとおり優秀な機体であったが、だからといって単純にEXAMシステムのコアユニットを乗せれば良いというものではなかった。先述のとおり、この機体に用いられていたのはRX-78-2の余剰部品であるのだが、「余剰」とされていたことには、それなりの理由があったのだ。中には厳しい品質基準に満たないと判定された規格外品も含まれていたのである。したがって部品単位での品質にバラつきがあり、組み上がったRX-79[G]の性能についても個体差が激しかったという。そのためEXAMシステムの搭載にあたっては、まずは本体側を解体し、個々の部品をチェックしながら、必要に応じて改良や交換といった措置が取られた。こうした地道な作業の甲斐あって、ジェネレーター出力はRGM-79〈ジム〉タイプと比較して約17%増加するなど、目覚ましい性能向上が達成されている。

また、解体作業と並行して各関節部に、マグネット・コーティング処置が施されている点にも注目したい。磁力コーティングによって摩擦を低減することで、機体の反応速度を向上させるというこの最先端技術は、モスク・ハン博士によって確立されたばかりであり、適用実績は皆無に等しい状況であった。しかし、機械的な先読み機動の実現を目指すEXAMシステムにとって反応速度は重要であり、見切り発車だとしても採用すべきと判断されたものと思われる。

さらに推進系にも抜本的な見直しが図られた。脚部側面、ビーム・サーベル・ハンガーの下部に補助推進器が増設されているほか、背部ランドセルの設計も一新されているのだ。母体となったRX-79[G]のランドセルは、武装収納用の大型コンテナを保持するための展開式クレーンを備える独特な設計を採用していたが、これは機動力重視のEXAMシステム搭載機とは、いかにも相性の悪いものであった。そこでボックス型スラスターを採用した、軽量かつコンパクトなランドセルを新造したのである。何より特徴的なのは、EXAMシステムの起動と連動する形で上部に補助スラスターが展開し、一時的に総推力を向上させることが可能な点だろう。以上のような措置により、RX-79BD-1は重力下においても、ジオン公国軍が誇るMS-09〈ドム〉に引けを取らない機動性を発揮できたといわれている。

一方で、冷却機構にも大幅に手が加えられている。腰部と肩部に、システム起動時のみ展開する新型の排熱機構を導入することで、目に見えるダクトを腹部の1箇所のみに減らしているのだ。胸部、腹部、腰部、背部、腕部側面、脚部前面、及び後面の合計13箇所にダクトが備えられ、冷媒用パイプが露出していたRGM-79BD-0から見れば、いかに設計が洗練されてきたのかが理解できるだろう。

こうした改善は、結果的に耐弾性の向上にも寄与しており、本機の兵器としての完成度の向上に大きく貢献した。また胴体ユニットの内部レイアウトを見直すことで、RX-79[G]では左胸部に1門のみ内蔵していた60mmバルカン砲を左右計2門へと倍増させた上で、有線式ミサイル・ランチャーを2基搭載した点も見逃せない。頭部ユニットは、RGM-79BD-0からそのまま移設される形になったが、こちらにも2門の60mmバルカン砲が内蔵されていたことを考えると、固定武装の充実ぶりがよくわかるだろう。

なお、携行武装については、RX-79[G]やRGM-79[G]に向けて設計された標準的な装備を使用することが可能であった。事実、本機が北米戦線において試験的に実戦投入された際には、ヤシマ重工製の量産試作型100mmマシンガンを装備して、運用することが多かった模様である。

【1号機の運用実績】

RX-79BD-1〈ブルーディスティニー1号機〉の改装は順調に進み、U.C.0079年11月に入る頃には、起動テストが可能なレベルにまで到達した。だが、ここにきて致命的な問題が発覚する。同月上旬、EXAMシステムの起動実験中に機体が制御不能状態に陥り(おちい)、約5分間に渡って自軍の基地施設を破壊し続けるという「暴走」事故が発生したのだ。

匿名(とくめい)を条件に証言した関係者によると、初期のEXAMシステムには「死に対する恐怖」のようなネガティブな脳波を複数検知した場合に、「ニュータイプが発した敵意に基づく感応波(サイコ・ウェーブ)」であると誤認するケースがあったらしい。最初の暴走事故が発生した日も、ある戦場においてサンプリングされた脳波データをEXAMシステムに送信する実験が行われていたという。こうしてEXAMシステムが誤作動したが最後、機体はパイロットによる操作を受け付けなくなり、手当り次第に周囲を攻撃し始めてしまうのだ。

ニュータイプの殲滅(せんめつ)を企図していたクルスト博士にとって、EXAMシステムが完全起動した場合に、感応波を放つ対象を所属によらず攻撃するという状況は、ある意味において仕様通りであったのかもしれない。しかしながら、それがニュータイプとは無縁の将兵たちの脳波を誤認しての挙動であったとするならば、暴走以外の何ものでもない。前述の証言者によれば、開発チームのメンバーの間でもEXAMシステムに対する疑念が渦巻いていたらしく、ほどなく上層部からクルスト博士の耳にも「懸念」が伝えられることとなったようだ。

このような動きに対してクルスト博士は、暴走兵器としてのレッテルを貼られたままでは、やがて自らのプロジェクトが中止の憂き目に合うのではないかと危機感を強めたという。そこで、一時的にRX-79BD-1のコアユニットを、兼ねてより開発を進めていたEXAMシステムの量産試作バージョン、通称「オルタ」に積み替えるなど、暴走リスクの低減に向けた試行錯誤を繰り返したというのだ。ところが、この「オルタ」バージョンにも欠陥が存在したらしく、またしても暴走事故を引き起こしてしまう。

U.C.0079年11月中旬のこと、クルスト博士以下の開発チームはカナダ地区・大西洋沿岸地域にて、RX-79BD-1の実験を続けていた。前線近くでモニタリング・ユニットを起動することで戦場に満ちた生の脳波を収集させ、EXAMシステムの最適化を進めようとしていたらしい。ところが、その最中にEXAMシステムが突如とし

て完全起動。パイロットの意図を無視して、自動操縦状態で戦場に突き進むと、周辺地域に展開していた両軍の部隊に対して攻撃を開始したのだ。結果的に、現場に居合わせた地球連邦軍・第11独立機械化混成部隊がこれを退けることに成功したものの、戦力の3分の2を喪失するという酷い有様であったという。

そこでカムラ技術大尉は「オルタ」バージョンの取り下げを提案、オリジナルのコアユニットに差し戻した上で、EXAMシステムに制限をかけるリミッターを実装している。「殺気」の検知による緊急回避などは行わせるものの、無差別な攻撃行動を実行する完全起動状態に移行する前にシステムを強制的にシャットダウンし、機体の自律行動を厳しく制限する仕組みであった。ただし、この処置はEXAMシステムの真価を大幅に損なう行為であり、一説によれば当初予定の50%ほどしか機能しない状態であったという。クルスト博士にとっては決して本意ではなかったことはいうまでもないだろう。

なお、実に興味深いことであるが、件の暴走事故によってテストパイロットを失ったRX-79BD-1は、ほどなく戦場で相対したばかりの第11独立機械化混成部隊に配備されている。同隊は、地球連邦軍においても極めて初期段階に編成されたMS部隊のひとつであり、元来、新型MSや試作兵装を実戦でテストし、データ収集を行うことを目的としていた。そのため、この時点で生き残っていた1個小隊はとりわけ実戦経験豊富であり、パイロットの練度も高かったとのことである。特に同隊でRX-79BD-1の専任パイロットを務めることになったユウ・カジマ中尉（当時）による戦果は目覚ましく、北米戦線でも指折りのエースとして存在感を発揮していくことになる。

U.C.0079年12月に入り、北米におけるジオン公国軍の要となっていたキャリフォルニア・ベースの攻略作戦が始まると、RX-79BD-1を擁する第11独立機械化混成部隊もまた独立実験部隊として、西海岸に向けて移動を開始。ジオン公国軍のミサイル基地を叩くなどして友軍部隊の進路を切り拓き、北米の奪還に向けて大いに活躍することになるのだが、その過程ではクルスト博士を追って降下してきていたシュターゼン大尉以下の追撃部隊とも交戦。互いのEXAMシステムを「ニュータイプ」と誤認することでシステムが強制起動する中で戦闘を繰り広げ、やがて相討つ形でRX-79BD-1とMS-08TX[EXAM]は共に大破、喪失したのだった。

RX-79BD-2 BLUE DESTINY

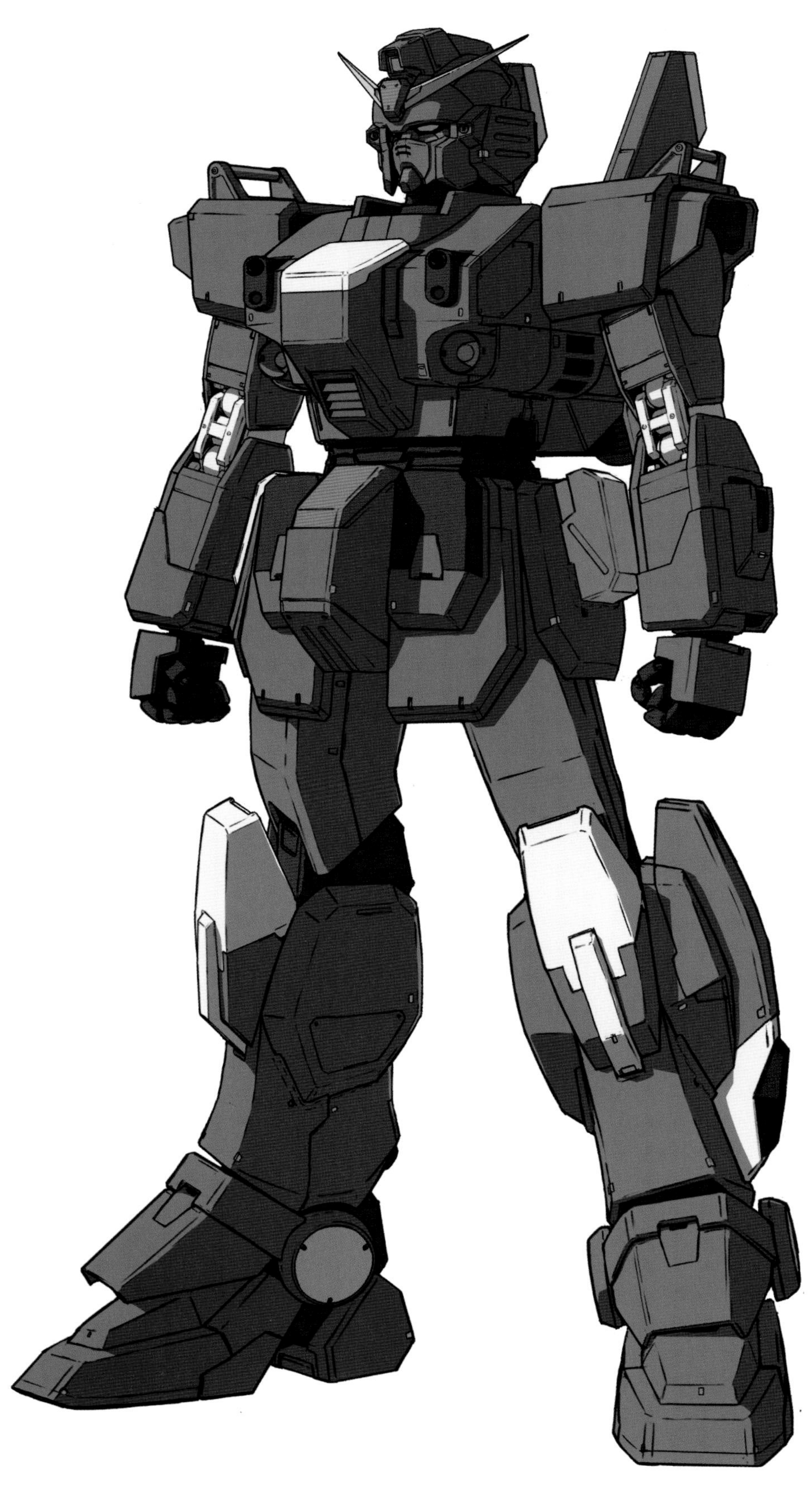

【ブルーディスティニー２号機】

型式番号	RX-79BD-2
頭頂高	18.5m
本体重量	52.8t
全備重量	73.0t
装甲材質	ルナ・チタニウム合金
出力	不明
推力	不明
センサー有効半径	不明
武装	頭部バルカン砲×２ 胸部バルカン砲×２ 有線ミサイルランチャー×２ ビーム・ライフル ビーム・サーベル×２ シールド

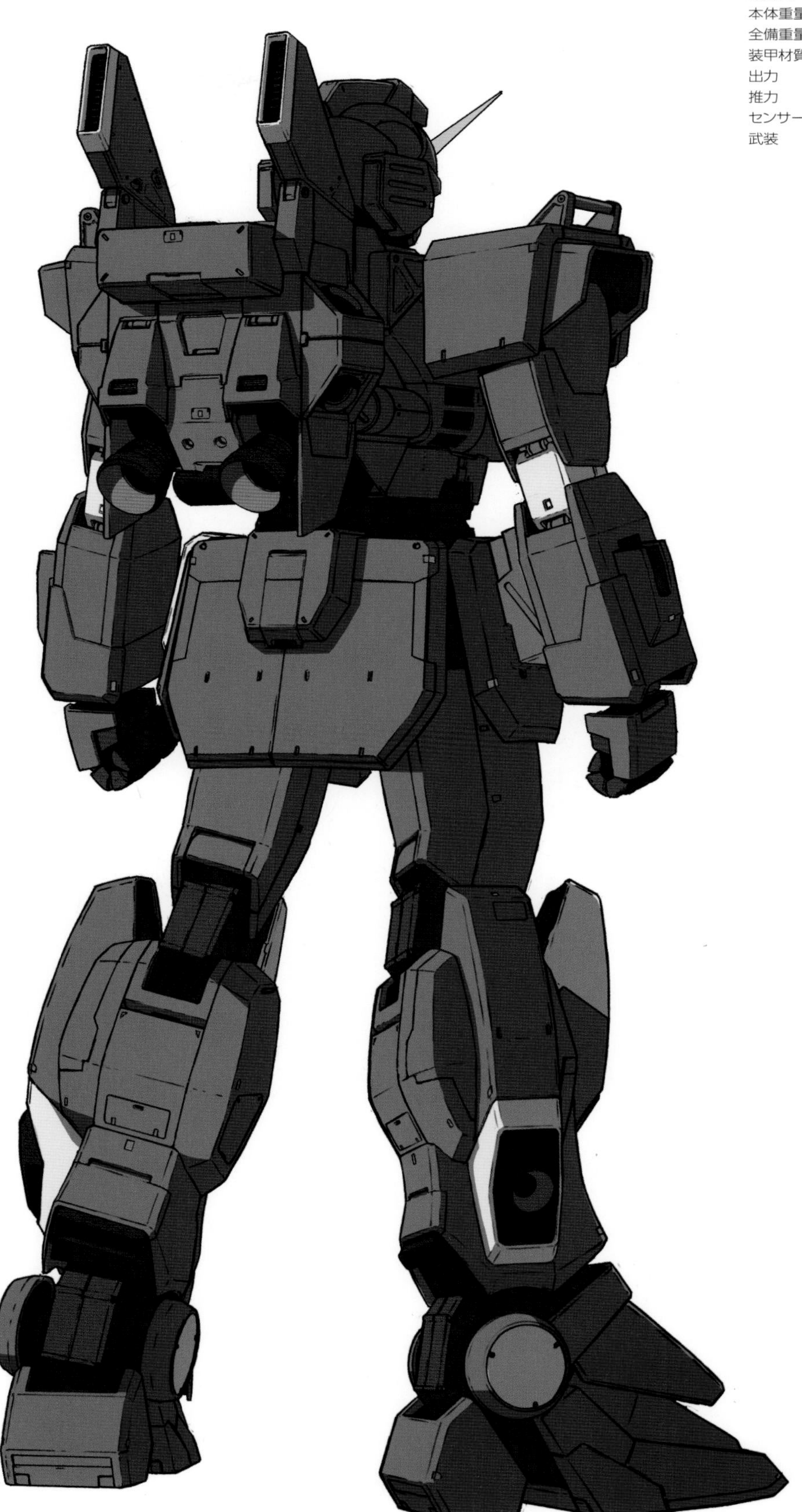

RX-79BD-2 BLUE DESTINY

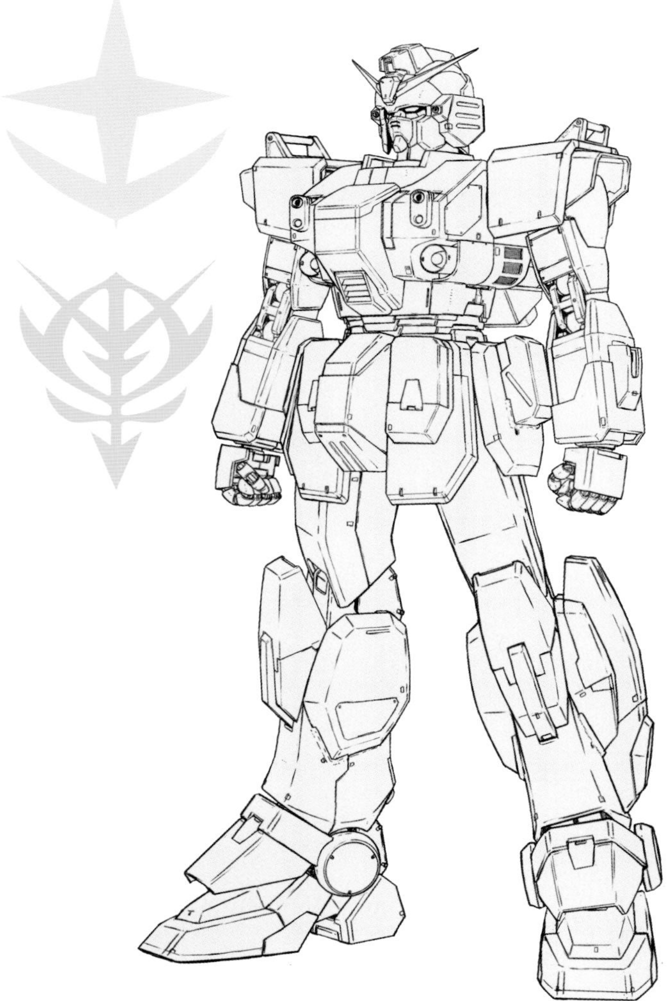

■RX-79BD-2【前面／ランドセルなし】

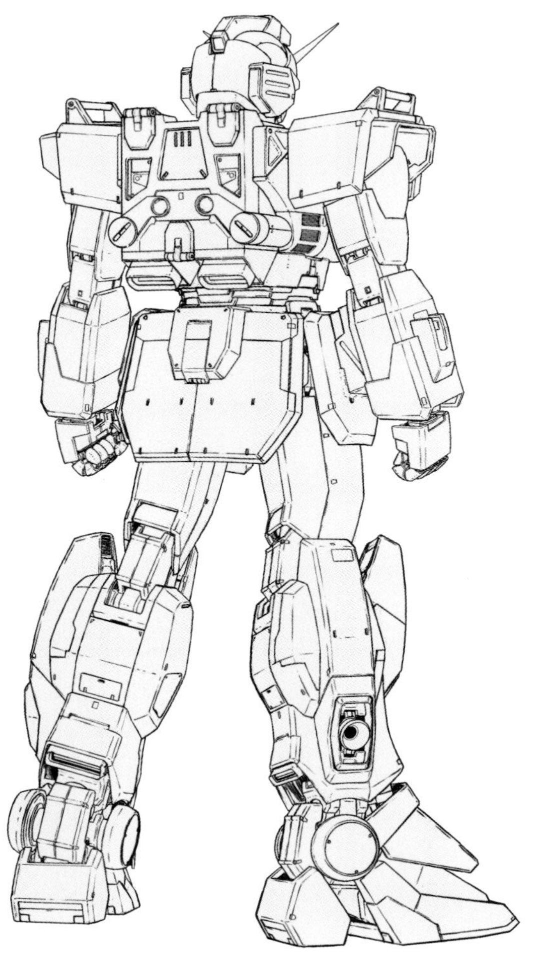

■RX-79BD-2【後面／ランドセルなし】

【RX-79BD-2〈ブルーディスティニー２号機〉】

U.C.0079年11月、RX-79BD-1〈ブルーディスティニー１号機〉の試験運用が進められる傍ら（かたわら）で、その実働データを活かしつつ、クルスト博士は残る２基のコアユニットを用いて〈２号機〉及び〈３号機〉の開発を進めていた。

このうち〈２号機〉は、当初こそ〈１号機〉に準じた仕様への改装が進められていたものの、後に空間戦にも対応可能な汎用機へと改められている。11月９日のオデッサ作戦完了を切っ掛けに、地球上におけるミリタリー・バランスは地球連邦陣営に大きく傾いており、RX-79BD-1が試験的に投入されていた北米戦線においても、その傾向が次第に色濃くなりはじめていた。ジオン公国の本国が月の向こう側である以上、戦争の勝敗は宇宙で決することになる。何よりクルスト博士は、古巣であるフラナガン機関において無重力下での運用を前提とした「サイコミュ兵器」の類が開発されていたことを、よく理解していた。となれば、対ニュータイプ兵器であるところのEXAMシステム搭載機もまた、空間戦への対応が必須である。

クルスト博士は、RX-79BD-1の試験運用をカムラ技術大尉と第11独立機械化混成部隊に任せつつ、自身は〈２号機〉及び〈３号機〉の調整を急いだ。なお、これらの機体の母体もまた〈１号機〉と同様、陸戦機であるRX-79[G]だったが、その元となったRX-78は陸戦・空間戦の双方に対応した汎用機であり、コックピット周りへの生命維持装置の組み込みや推進系の調整さえ行えば、空間戦対応自体はさほど難しいものではなかったという。

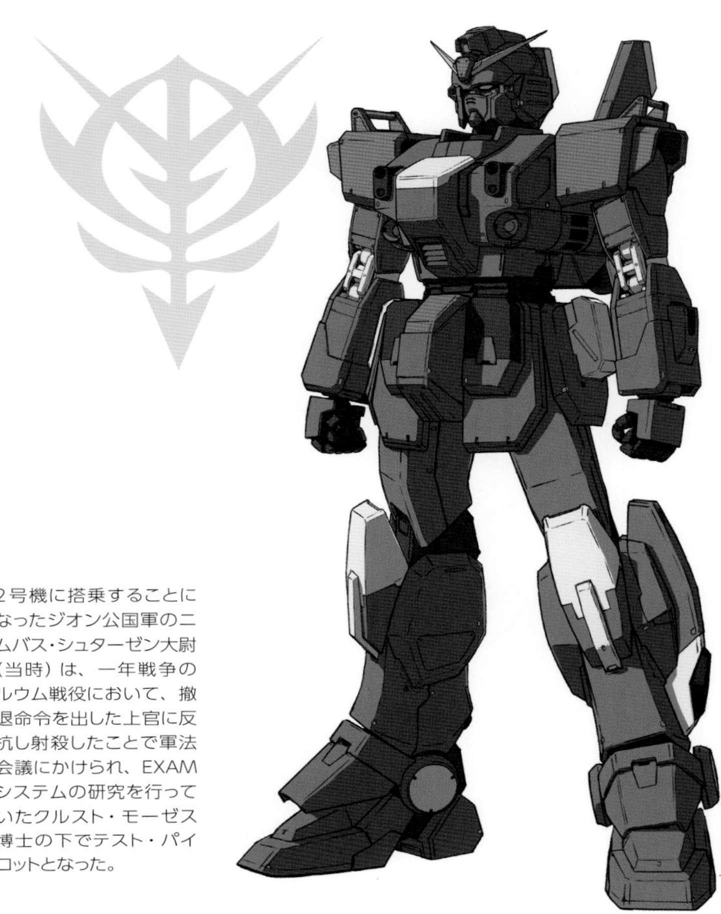

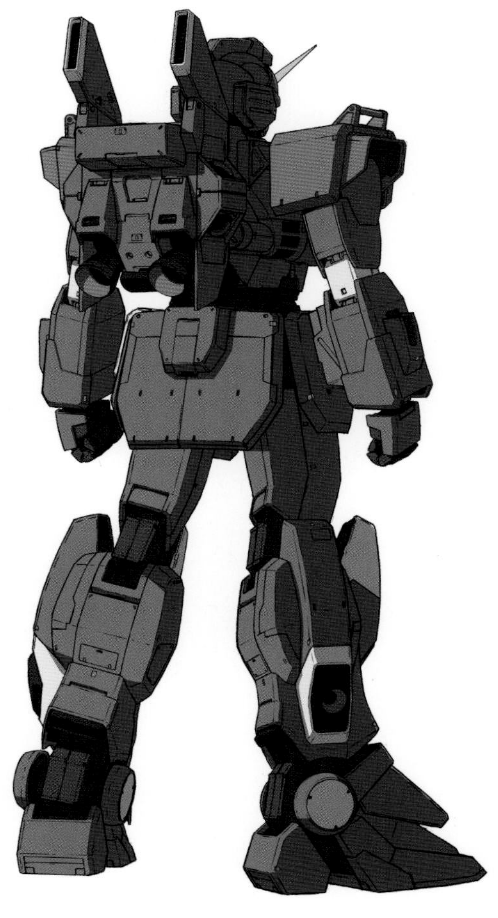

2号機に搭乗することになったジオン公国軍のニムバス・シュターゼン大尉（当時）は、一年戦争のルウム戦役において、撤退命令を出した上官に反抗し射殺したことで軍法会議にかけられ、EXAMシステムの研究を行っていたクルスト・モーゼス博士の下でテスト・パイロットとなった。

そうした改修点の内、もっとも変化が大きかったのは推進系が集約された背部ランドセルであろう。RX-79BD-1はボックス型スラスターを採用したコンパクトなランドセルを装備していたが、RX-79BD-2ではこれに被せる形で空間戦用のユニットを増設。主推進器となる2基の大型バーニアを軸に補助推進器2基を側面に配し、さらに姿勢制御用の可動式スラスターを上部に2基備える形に改めた。単純にランドセルごと交換する方式を採らなかったのは、脇部マルチランチャー用のケーブルやマイクロミサイル換装時の弾倉、そして何より胴体部と半ば一体化していた冷却装置を、そのまま流用するための処置であろう。

また、頭部ユニットの形状もRX-79BD-1とは大きく異なる。これは、〈2号機〉及び〈3号機〉が、当初からRX-79[G]をベースとして設計されたためであり、ツインアイとV字型のブレードアンテナを備える顔つきへと変貌を遂げている。ただし、EXAMシステムのコアユニットを内蔵している点や、原型機にはない60mmバルカン砲2門を備える点など、改装点はほとんど同様といっていいだろう。

では、システム面での変更はどうか。ここで注目したいのが、〈2号機〉に搭載されていたEXAMシステムには、カムラ技術大尉が〈1号機〉に対して施していたリミッターが実装されていないという点である。したがって、〈2号機〉のEXAMシステムは、暴走リスクが極めて高いままの状態であった。そのため、本機はモニタリング・ユニットの感度を絞ることで、多量の「死に対する恐怖」を検知する可能性を低め、「ニュータイプの感応波」との誤認を防ぐという処置が加えられていたようだ。機械的な勘が働く範囲を狭(せば)める代わりに、いざシステムが起動した際には最大限の働きをするように調整したわけである。もちろん、リミッターが実装されていないぶん機体にかかる負荷は桁外れであり、オーバーヒートまでの時間はかなり短いものだったものと思われる。リミッター付きの〈1号機〉の場合でも限界稼働時間は約5分であったといわれているため、これを上回ることはなかったであろう。ただし、その数分間であれば、理論上は圧倒的な戦闘機動を実現できたはずである。

RX-79BD-3 BLUE DESTINY

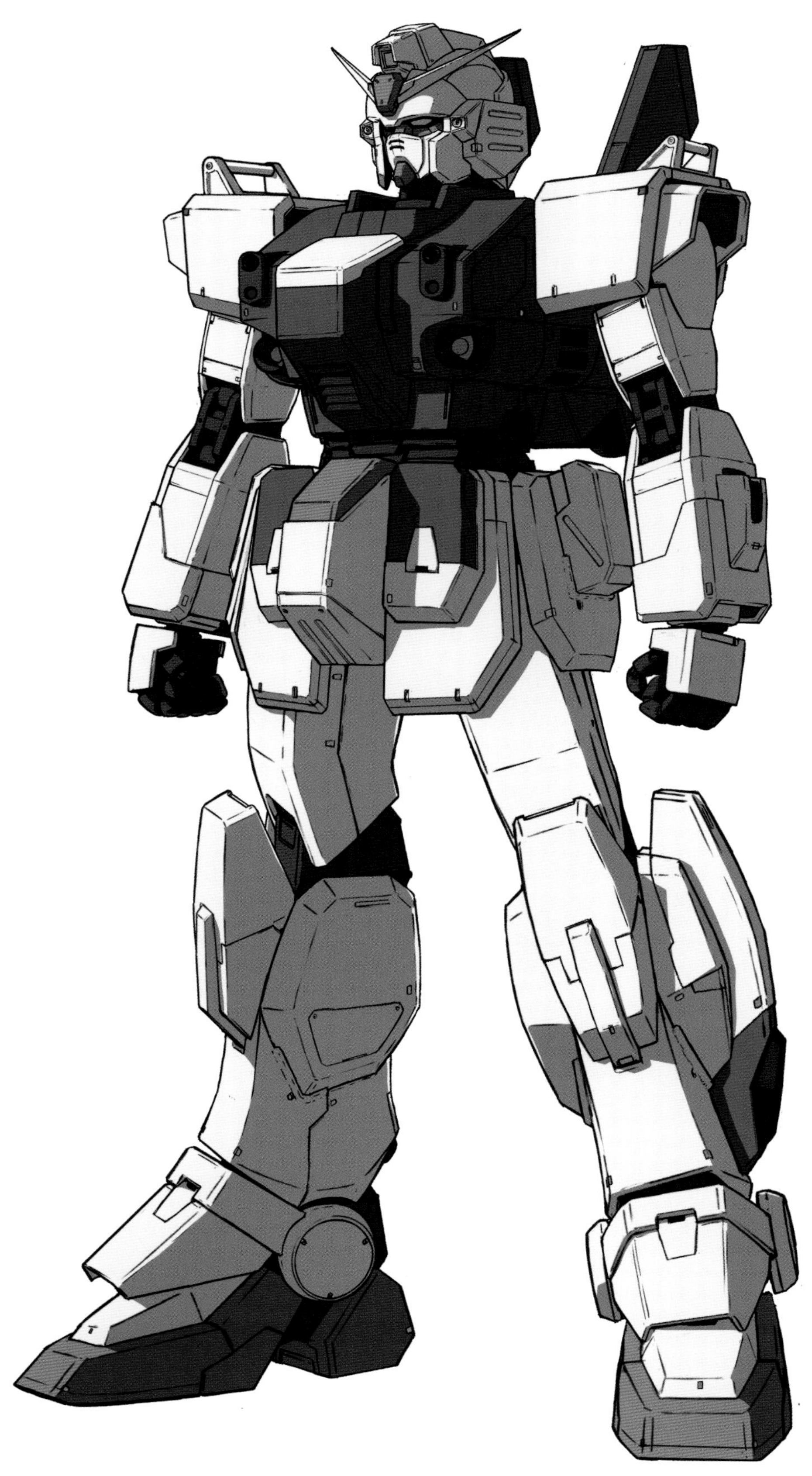

【ブルーディスティニー３号機】

型式番号	RX-79BD-3
頭頂高	18.5m
本体重量	52.8t
全備重量	73.0t
装甲材質	ルナ・チタニウム合金
出力	不明
推力	不明
センサー有効半径	不明
武装	頭部バルカン砲×2 胸部バルカン砲×2 有線ミサイルランチャー×2 ビーム・ライフル ビーム・サーベル×2 シールド

RX-79BD-3 BLUE DESTINY

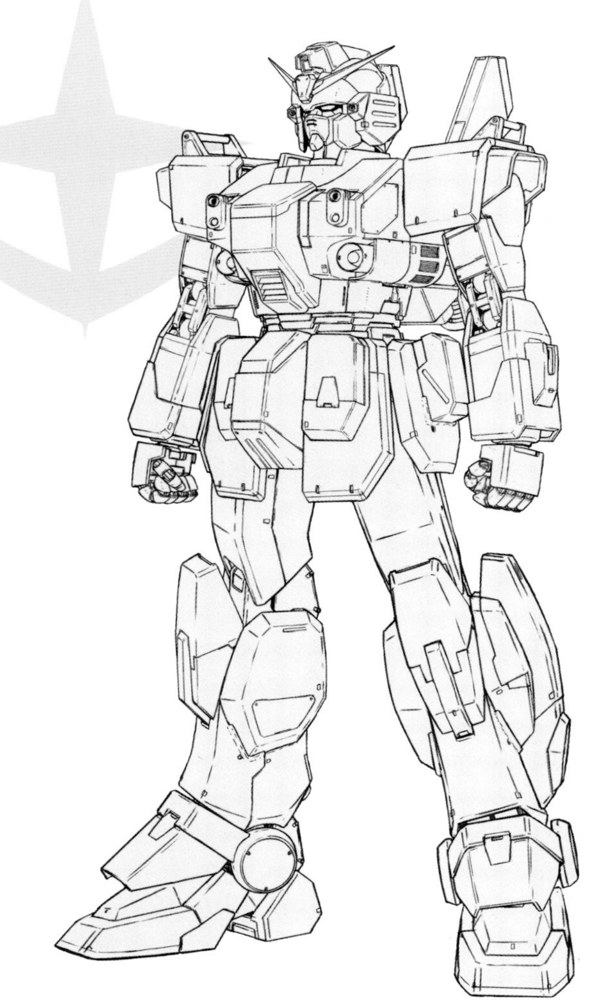

■RX-79BD-3【前面】

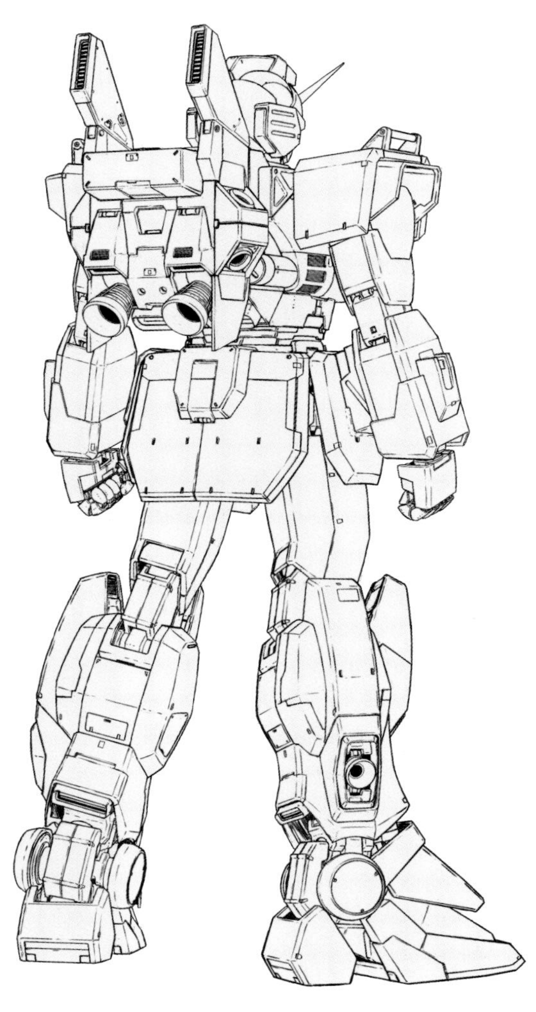

■RX-79BD-3【後面】

【RX-79BD-3〈ブルーディスティニー３号機〉】

RX-79BD-3〈ブルーディスティニー３号機〉は、〈１号機〉及び〈２号機〉の予備機と位置づけられていた機体であり、本来はパーツ取りなどに利用される予定であったという。しかしながら、U.C.0079年12月中旬のこと、第11独立機械化混成部隊への配備を前に最終調整が行われていた〈２号機〉が、ニムバス・シュターゼン大尉以下のジオン公国軍部隊によって奪取されてしまう。これに伴い〈３号機〉の実戦運用が急遽、決定することになる。

問題は、EXAMシステムの開発拠点であった研究施設※3が公国軍部隊に襲撃された際、計画の中心人物であったクルスト・モーゼス博士が殺害されている点だ。EXAMシステムのコアユニットはブラックボックスも同然であり、そのすべてを把握していたのはモーゼス博士ただひとりであった。ゆえにEXAMシステムは、この時点を以て、事実上開発続行が不可能な状態へと追い込まれていたのである。

しかしながら、アルフ・カムラ技術大尉らは〈３号機〉の最終調整を急いだ。暴走リスク低減のため〈１号機〉に施していたのと同様のリミッターを実装した上で、急転回性能の向上とミサイル・ランチャーの装塡機構の改良といった細かなアップデートを行い、RX-79BD-3仕様として完成させたのである。なお、本機は〈２号機〉の配備先として予定されていた第11独立機械化混成部隊へと送られており、数日前に〈１号機〉を喪失していたユウ・カジマ中尉の手で運用されている。

【2号機と3号機の運用実績】

地球連邦軍の研究施設を襲撃して〈2号機〉を奪ったシュターゼン大尉率いる公国軍部隊は、潜水艦隊の支援を受けつつ北欧方面に逃れた後、HLV[※4]を用いて宇宙へと脱出。サイド5の放棄コロニー内に築かれていたフラナガン機関傘下の研究施設に向かい、EXAMシステムの開発再開の可能性を探ろうと試みた。

これに対して〈3号機〉を受領した第11独立機械化混成部隊は、ただちに〈2号機〉を奪還ないし破壊すべしとの命令を受け、〈2号機〉を追うようにして北欧へと移動。HLVの打ち上げ阻止には至らなかったものの、基地施設の制圧を成し遂げ、追撃の足がかりを得ている。この時点で地球連邦軍は、クルスト・モーゼス博士が遺（のこ）していたメモから、かつて彼が研究を行っていた施設の存在を、ある程度の確度で摑（つか）んでおり、シュターゼン大尉らのHLVを回収した艦艇が、L1宙域に向かったらしいとの予測航路が算出されたことを受けて、より正確な位置座標の割り出しに成功していたのだ。 しかしながら、この頃すでに地球連邦軍上層部の目は宇宙における反攻作戦に向けられており、EXAMシステムへの興味は失われつつあった。宇宙に上がった第11独立機械化混成部隊に与えられた支援戦力は乏しく、〈2号機〉追撃は不可能ではないかという意見もあったようだが、それでも彼らは作戦を強行する。EXAMシステムの開発続行の可能性を捨てきれないでいたアルフ・カムラ技術大尉には、是が非でもモーゼス博士が亡命前に遺（のこ）していた研究資料を確保しておきたいという思惑もあったらしい。

かくして、〈2号機〉と〈3号機〉はサイド5の放棄コロニー周辺にて再会を果たす。後にカムラ技術大尉がしたためた報告書によると、両機はEXAMシステム起動状態で激戦を繰り広げた後、互いの頭部ユニットを破壊する形で大破したとのことである。なお、カムラ技術大尉はコロニー内の研究施設の捜索も行っており、モーゼス博士が私的に遺（のこ）していたデータのアクセスにも成功していたという。しかし、そこに記されていたのは半ば妄想（もうそう）めいたニュータイプ脅威論に関する記述ばかりであった。ここにきて地球連邦軍は、モーゼス博士の真意を知るに至ったわけである。一説によれば、この時に回収されたデータには「EXAMシステムは、ニュータイプである被検体、マリオン・ウェルチの精神をコアユニットに取り込むことで完成した」という趣旨のオカルトめいた記述も見られたといい、モーゼス博士の精神状態を疑うに十分なものであったという。結果的に、第11独立機械化混成部隊によるサイド5遠征は、作戦目標のひとつであった〈2号機〉の破壊を成し遂げたものの、システムの根幹に関わる技術的データを入手することは叶（かな）わず、また〈3号機〉の大破により、現存していたコアユニットのすべてを喪失するという結果に終わった。かくしてEXAMシステム開発続行への道は、完全に閉ざされたのである。

※3
RX-79BD-2の最終調整が行われていた研究施設の所在地については、ケベックであったとする説とハミルトン基地であったとする説が存在する。そのいずれか一方、あるいは双方がブラフであったのか、あるいは時期によって移動していただけなのか判然としない。

※4
HLVはHeavy-Launch Vehicleの 略 で、大重量物を軌道上へ打ち上げるための大型ペイロードを持つロケットのこと。

【EXAMシステムの欠陥】

EXAMシステム搭載機は、主に北米を中心としたいくつかの戦場において投入され、個々の戦闘においては驚異的な戦果を挙げた。しかし、その一方でこのシステムには、いくつかの致命的な欠陥が存在していた。

まずひとつ目の問題は、OS側からの強制介入がいつどのような形で行われるのかをパイロットが把握できないという点だ。機動兵器のパイロットが戦闘機動時の強烈なG負荷に耐えられるのは、それが自身の操縦による結果であり、あらかじめ身構えることができているからという点に尽きる。EXAMシステム搭載機の場合、システムからの介入によって、パイロットは幾度となく不意な急加速や急減速にさらされ、身体を痛めつけられることになる。これでまさに身が持たない。

さらにソフトウェアの根幹として、被験者マリオン・ウェルチの感応波(サイコ・ウェーブ)データを利用したことが影響したのか、パイロットが原因不明の幻聴や幻覚に悩まされるという事態が発生した。EXAMシステムは、厳密にはサイコミュ・システムに区分される機構には当たらないが、それでも同一技術を出発点としていることには変わりがない。サイコミュ搭載機では、しばしば感応波(サイコ・ウェーブ)の逆流が発生してパイロットの精神に悪影響を及ぼすことがあったが、これと似た現象がEXAMシステム搭載機でも引き起こされていた可能性があるのだ。いくつかの報告に記された幻聴や幻覚は、システムの根幹に刻まれたマリオンの感応波にさらされることで、パイロットが精神的な影響を受けたことを示しているのではないだろうか。

このようにEXAMシステム搭載機は、パイロットの肉体と精神の双方にダメージを与えうるマシンであった。事実、地球連邦軍のテストパイロットの中には、心身ともに深い傷を負い、再起不能に陥(おちい)った者さえいたという。

加えてEXAMシステムは、常に「暴走」のリスクに悩まされていた。先述のとおり、EXAMシステムは脳波を捉(とら)えることで「殺気」を検出する。だが、脳波だけでは敵味方の識別を完全に行うことはできず、脅威判定の結果如何(いかが)によっては味方機を誤射する可能性があったのだ。所属を問わずニュータイプは殲滅(せんめつ)すべしという理念に突き動かされていたクルスト博士にとっては、味方のニュータイプを処刑するという動作は、むしろ望むところであったのかもしれないが、兵器としては大問題である。EXAMシステム搭載機を単独で敵部隊にあてるという運用法であれば、味方殺しのリスクを下げられるとはいえ、戦術的な幅は極めて狭く、生還率も低くならざるを得ない。

そもそも戦場ではニュータイプか否かを問わず、そこに身を置くすべての者が強い感情を抱くはずである。先にも述べたが、特に大規模かつ混乱した戦場においては、しばしばEXAMシステムが場に満ちたネガティブな脳波を「殺気」に該当する感応波と誤認することがあった。そうなると、もはや手がつけられない。敵味方の識別も、ましてやニュータイプかオールドタイプかの判定もできないまま、ひたすらにシステムが脅威判定を下した対象に攻撃を繰り返す暴走状態に陥(おちい)ってしまうのだ。

こうした欠陥だらけのEXAMシステムを操縦するには、パイロットに相応の適性が求められる。急激なG負荷に耐えられるだけの肉体的な頑強さはもちろんのこと、幻聴や幻覚に惑わされないだけの精神的な耐性も必要だ。さらにEXAMシステムが味方殺しの動きを見せた時点で、すばやく反応して機体制御を取り戻し、システムのシャットダウンを試みるだけの判断力と反射神経も求められる。そのすべてを兼ね備えて、はじめて「乗りこなす」ことができるのが、宇宙世紀時代のバーサーカーたるEXAMシステム搭載機だったわけである。

EXAMシステムの考察

Consideration of EXAM system

ニュータイプとサイコミュ

人間の脳波をマシンのコントロールに応用しようとする研究は、旧世紀から始まっていた。機械が複雑化するにつれ、操縦桿やペダル、キーボードといった従来からある機器(デバイス)では操作の入力が追いつかなくなってきたため、思考そのものを反映させることができないか、と試みられたのが最初である。“意思”の取り出しには複数の手段があり、神経の伝達信号や脳波を取り出す方法が研究されてきた。

一年戦争をきっかけに知られるようになったサイコミュは、その流れを汲(く)む研究のひとつである。サイコミュは、人間の思考を、MS・MAとそれに付随する兵装などの操作に利用するために開発されたもので、電波機器が使用できなくなるという戦場の前提を変えた、ミノフスキー粒子の登場により生まれた。遠隔操縦の手段に、ミノフスキー力学を応用する新たな方式というわけだが、それとは別に、サイコミュはニュータイプとされる人間が使うことが必須条件としてある。これはどういうことであったのか。

単純に人間の脳が発する脳波(脳が活動する際に発する微弱な電気)を、意味のある「意思」の信号として取り出すのであれば、ニュータイプではない普通の人間でもいいはずで、サイコミュがニュータイプを被験者として必要としたのには、相応の理由があるのだ。ニュータイプとされる人間がどのような点で(例えば、脳波の質など)通常人と違いがあるのかといえば、彼らの脳波がミノフスキー粒子散布下において、そのフィールドを介して思考を伝達することができる力が強い、ということらしい(この伝播(でんぱ)する思念波をニュータイプ特有の“感応波(サイコ・ウェーブ)”と呼ぶこともある。ただ、どうやらこれもニュータイプが持つ能力の一端に過ぎないようで、ここでニュータイプの定義について論じることはやめておく)。

電波の使用を前提とした従来技術が封じられた時、当然のことながら人類はこれを別の技術で代替する方法を模索した。光通信はその一例だが、これは妨害もされやすい。ミノフスキー粒子散布下の範囲内、という条件は付くものの、実質的に妨害を受けない通信手段は軍にとって好都合で、初めはその可能性を探るところからスタートしたともいわれるが、問題はこのミノフスキー通信(という概念)に必要なミノフスキー・フィールドへの干渉や励起(れいき)といった働きかけは、人間の“思考”でしか誘導し得ないことだった。しかも、ニュータイプと呼ばれるような特殊な適性を持つ人間でなければ実用域に達せず、この段階では軍上層部もこの技術を「オカルト的」なものと捉(とら)えていたようだ。通常の人間でも「極度の緊張」「死に際」「戦場の大多数が共通して抱く不安感」などといった状態において、ミノフスキー・フィールドへ影響する思考(感応波)を形成することが観測されていたが、これではとうていシステム化し、通常の通信などに利用することは不可能だ。

やがてこうした行き詰まりを経た後、ニュータイプの軍事利用という点から見ると、通信などというインフラを一足飛びにし、攻撃兵器などへの利用が模索されることになる。これは「オカルト」と捉(とら)えられていたことを逆に利用し、研究続行と予算獲得のために研究者がぶち上げた派手にして魅力的な「目標」といえる。目論見(もくろみ)通りキシリア・ザビ少将という後ろ盾を得て設立されたフラナガン機関は、ニュータイプの素養を持つ人材を集め、彼らを兵器のオペレーターとして活用する研究を進めたのである。

ジオン公国のプロパガンダは、宇宙移民にとってカリスマであった指導者、ジオン・ズム・ダイクンの思想を原点としたジオニズムに拠(よ)っている。ザビ家によってそれは、宇宙移民者である自分たちを優性種とする定義にすり替わっていったが、これを補強するために、キシリアは「ニュータイプ」を便利に利用しようとしたのだ。

人と機械を結ぶシステム

さて、本書において重要となる“ニュータイプと軍事技術”というテーマに沿った話に戻すと、本稿の冒頭で述べたように、機械と人間を結びつけるインターフェース・システムに注目する必要があろう。サイコミュあるいはEXAMシステムの根幹のひとつであり、人の意思を解釈・翻訳し、機械の操作へ反映する技術である。

研究が本格化して間もなかった一年戦争時期、サイコミュは被験者であるニュータイプが知覚した「目標」と、これに対する「攻撃意思」をデータとして取り出し、システム側で具体的な攻撃座標の算出、及び攻撃方法や移動のための軌道計算、機動コントロールを行う方式であった。これは現在でも基本的には変わっていない。グリプス戦役の時代になると、システムの能力も向上し、複数同時目標への攻撃も、より多数、また高精度に行えるようになった。この演算によって得られたデータは、機体もしくはビットやファンネルといった外部装置へ、無線通信によって送出されるわけだが（初期には有線式で行っていた）、先述のようにミノフスキー通信はニュータイプの思考発振によって実現している。従って、そもそもサイコミュは、システムから脳にデータを戻し、経由して、データを感応波として増幅・発振するメカニズムを有している。つまり被験者であるニュータイプは、自身を目標知覚の受動器として、そしてデータの送信器として使うわけである。ここに、個々人の「適性」が絡んでくるのだ。

脳の構造であるのか、成長とともに形作られた脳内神経のネットワークそのものであるのかは不明だが、強制的に戻されてくるサイコミュからのデータは、被験者の脳に負担をかける。その度合いは被験者によって異なり、ほとんど意識することなく右から左へ処理してしまえる者もいれば、頭痛などを生じる者、さらには自己の意識に「侵食」と形容できるような現象を起こし、正常な意識を保てなくなる者など、様々であった。一年戦争当時、サイコミュを充分に扱える者は少なく、シャリア・ブル大尉やララァ・スン少尉といった突出した適性を持つ少数のニュータイプだけが、作戦実施可能レベルにあったとされる。

人に依存するEXAM

EXAMシステムは、サイコミュとは異なり、通常の人間がこうした超常的な機体操作を実現するために研究されたものである。外部へ無線によるデータ送出をする必要がないため、ニュータイプ能力者が必須のミノフスキー通信システムはなくてよい。従って、システムからの膨大なデータを脳へ逆流させる回路はそもそも存在していないはずだった。ところが、実際にEXAM搭載機に搭乗したパイロットはシステムの影響を受けた。これは、人の意識をどのように拾い出し、サンプル化するかという検出システムの原理に問題があった。

EXAMは、一般に理解しやすい概念としての「殺気」を感知することで、回避あるいは脅威排除を実施する自動対応システムとされる。「殺気」を検出するためには、これに該当する脳波パターンを定義しなければならない。さらに、それ以前の問題としてミノフスキー・フィールドを介して伝わってくる思考波を検知する受動器として、搭乗者の脳を利用しなければならなかった点は、サイコミュと共通している。ニュータイプは自身の能力として、この思考波を知覚する能力を有するが、通常人にそんなものはない。そのため、EXAMシステムは脳の該当領域へ働きかけ、擬似的にその能力を再現する機能が組み込まれていた。これは、現在では強化人間を作り出すための基礎的技術のひとつと共通することが明らかになっている。ところが、これも被験者によって個人差があり、外部の「殺気」などをまったく自覚することなく、システムとのデータのやり取りを成立させ、うまく機能させることができる者もいれば、脳に明らかな悪影響を生じる者もいた。いずれにしても、このEXAMが持つ感受能力付与システムが、当初考えられていた機能の発現のみに留まっていれば、暴走事故などは起こらなかったであろう。

そもそも、戦場においてはそこに存在する者の様々な意識が乱れ飛ぶ。「殺してやる」あるいは「先に殺らなければ殺される」といった強い意識を、“脅威”として認識し対応するという発想は、出発点としては妥当かもしれない。だが、こちらを殺そうと狙ってくる相手が、必ずしも強烈な殺気をもって臨むとも限らない。戦場に慣れていれば、なんの感情もなく冷静に、機械的に引き金を引く者もいるだろう。となれば、強烈な意思の発露よりもむしろ脅威の度合いはそちらの方が高い。どちらのケースでもEXAMが反応し、適切な行動を取るようにシステムを作り上げようと考えた場合、脳波の解析・脅威判定プロセスが想定以上に複雑なものとなるのは必然だった。暴走事故はこのプロセスが発展途上にあった段階で発生した。要するに、本来脅威判定すべきでない対象にも、システムが反応してしまったことが原因である。

きっかけは些細なことであったろう。ぼんやりとした不安感であっても、RGM-79BD-0が“自身を対象とした感情である"と判断すれば、具体的な機体操作に移行するかもしれない。むろん、脅威と判定したら即座に武装の銃口を向け、射撃管制を開放する（引き金を引く）といった極端な動作には繋がらないよう、判定プロセスには何重もの安全弁が設けられていたはずである。しかし、脅威の可能性が生じた対象に対し、さらなる情報収集を実行しようとし、例えばセンサーが集中する機体の「顔」を振り向けるなどしたら、相手は驚き、さらに不安感情を増すかもしれない。やがてその意識は明確な恐怖へと育ち、EXAMがそれを捉(とら)える。そしてその連鎖に、パイロットの脳が巻き込まれることがあり得るのだ。具体的には、他者と自身の不安感の区別が付かなくなり、脳の内部で増幅され、判定の閾値(しきいち)を超える、といったようなことが起こるようなのだ。

件の0号機の事故において、具体的になにが起こったかは推測するしかないが、0号機のEXAMシステムが発動状態となった時、基地内にいた開発要員や整備員たちは皆一様に恐怖を感じたことだろう。0号機の反応を見て、不安が爆発し、恐れが場の空気を支配した。0号機のEXAMはそれをすべて排除すべき"脅威"と認識してしまったのだ。そうなると、持てるあらん限りの武装を注ぎ込んで破壊行動に及ぶ。また、自身の搭乗する機体が勝手に"虐殺"を行うにあたり、それを制御できないことに愕然(がくぜん)とし、絶望したパイロットもまた、場に満ちた負の感情の過負荷に脳が耐えられなくなる。個人差、という点では当時のテストパイロットがそのように影響を受けやすい人間であったことが災いしたのであろう。

この暴走事故を受け、軍部内ではクルスト・モーゼス博士スパイ論が当然のように再燃した。基地内でのMSの暴走など、破壊工作以外のなにものでない。結果だけを見れば、このような危険なシステムに関する研究は一刻も早く破棄、博士の身柄は拘束すべき、となりそうなものである。だが、そうはならなかった。見方を変えれば、脅威判定には問題があったが、システムは想定通りに起動したともいえる。また人間の意思を汲(く)み取ったうえで、迎撃や攻撃を機械的に行えるシステムが存在しうることが証明され、さらにジオン公国軍がこの分野の研究で一歩どころか数十歩も先んじているであろうことも、憂慮すべき問題だった。地球連邦軍上層部がEXAM開発を中止しなかった理由はこれに尽きよう。

EXAMの末路

EXAMを万能な脅威排除システムとするには、これまでに述べてきたような諸問題をクリアする必要があり、結果としてそれは実現しなかった。そもそも、EXAMを実現できるオリジナルの演算ユニットは4基しか存在しなかったことも問題だった。ブラックボックスの内容はもはや知る術はないが、被検体マリオン・ウェルチの怨念が宿ったもの、というようなものではなく、設計図通りに作られなかった演算ユニットの、わずかなハードの差違によって完全なバックアップができなかったのではないかと考えられている。また、使用されているチップや素子などには、地球連邦軍が持たない生産技術の産物も多くあった。当時の地球連邦軍の研究機関では、一年戦争が終結するまでの短い期間にEXAMの新しい演算装置を設計し、製造することは不可能で、最終的に2号機及び3号機の頭部が戦闘により破壊され、またEXAM関連の詳細なデータが回収できなかった時点で計画を放棄せざるを得なかったであろう。ただし、開発の間に蓄積されたそのほかの実験データなどは、一部が後のニュータイプ研究所などに引き継がれているという。

EXAMを有効な対ニュータイプ兵器とするのであれば、まだ可能性はあったかもしれない。RX-78-2〈ガンダム〉のように、ニュータイプ・パイロットを前提としない機体などは別として、ジオン公国軍が一年戦争終盤に実戦投入した〈エルメス〉などのサイコミュ搭載機であれば、前述のように、ミノフスキー通信によるパイロットの思考波（感応波(サイコ・ウェーブ)）を傍受(ぼうじゅ)できるうえ、兵装の操作のため明らかに人の思考波と異なる情報を含むことから、すぐにそれと判別できるからだ。発信源もしくは送出目標（個々の敵兵装）に対応する自動攻撃システムとして限定するならば、EXAMには一般パイロットがニュータイプ・パイロットに対抗できる有効な支援システムとしての可能性があっただろう。だが、クルスト・モーゼス博士が目指していたのは"ニュータイプの殲滅(せんめつ)"であり、こうした限定的な機能では不充分であった。RX-78-2〈ガンダム〉や、有線サイコミュ搭載のMSN-02〈ジオング〉のような機体とパイロットに対抗できて初めて、EXAMは"ニュータイプ・エグザミネーター"と呼べるシステムとなる。実際に、2号機と3号機は暴走リスクを低減するため脅威判定に"リミッター"を設けたが、それが本来あるべきEXAMの姿だったであろう。

いずれにしても、戦場に飛び交う無数の人間の"意思"を拾い出し、そこに意味づけをし利用するためには、人間という、いわば"有機チップ"とも呼ぶべき要素をシステムに組み込まなければならない。そこに人間が介在する以上、不確定・不安定のパラメーターは常時存在し続けることになる。そして現状においても、その根本は少しも変わっていないのである。

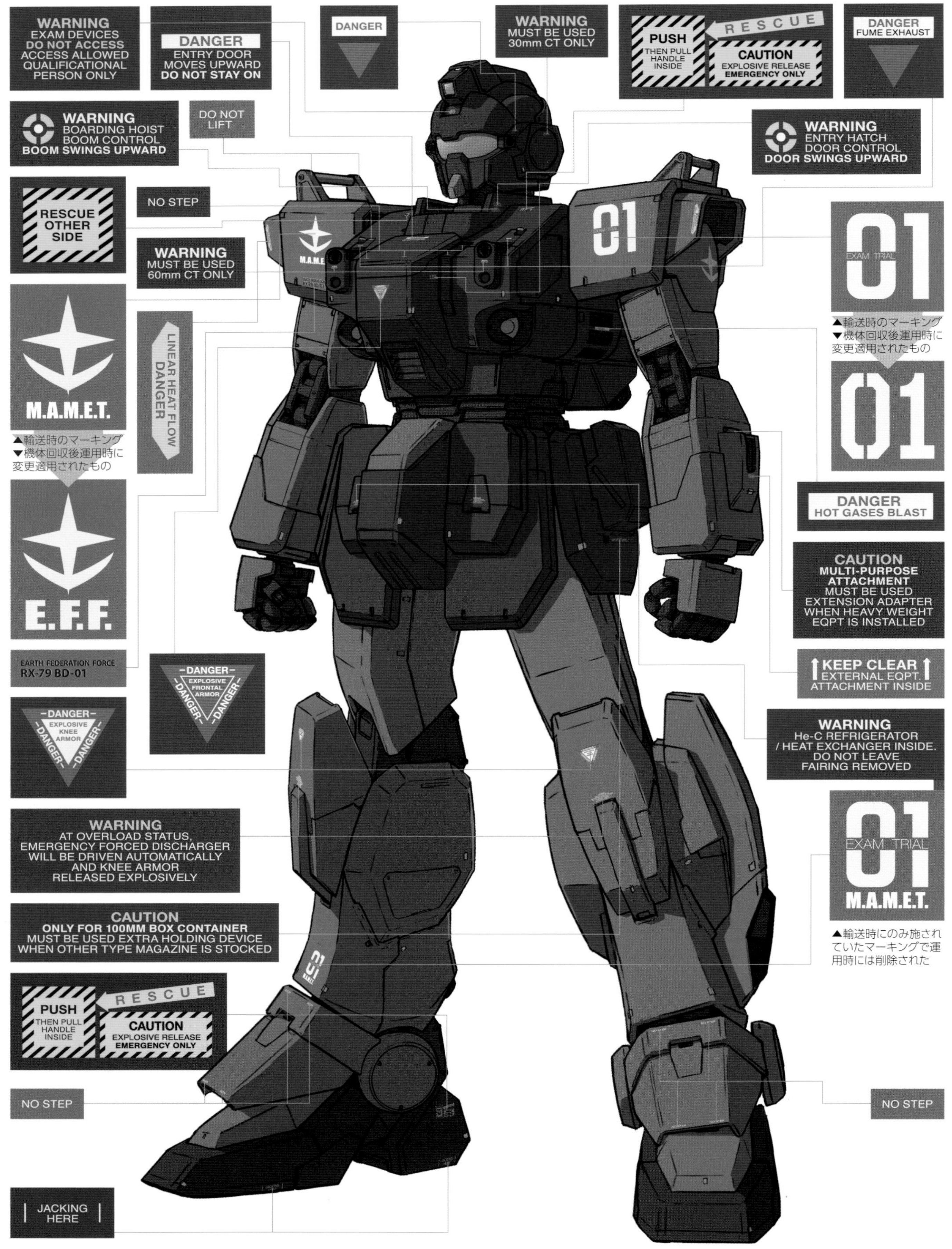
WARNING
EXAM DEVICES
DO NOT ACCESS
ACCESS ALLOWED
QUALIFICATIONAL
PERSON ONLY
DANGER
ENTRY DOOR
MOVES UPWARD
DO NOT STAY ON
DANGER
WARNING
MUST BE USED
30mm CT ONLY
PUSH
THEN PULL
HANDLE
INSIDE
RESCUE
CAUTION
EXPLOSIVE RELEASE
EMERGENCY ONLY
DANGER
FUME EXHAUST
WARNING
BOARDING HOIST
BOOM CONTROL
BOOM SWINGS UPWARD
DO NOT
LIFT
WARNING
ENTRY HATCH
DOOR CONTROL
DOOR SWINGS UPWARD
RESCUE
OTHER
SIDE
NO STEP
WARNING
MUST BE USED
60mm CT ONLY
01
EXAM TRIAL
▲輸送時のマーキング
▼機体回収後運用時に
変更適用されたもの
M.A.M.E.T.
LINEAR HEAT FLOW
DANGER
▲輸送時のマーキング
▼機体回収後運用時に
変更適用されたもの
01
DANGER
HOT GASES BLAST
E.F.F.
CAUTION
MULTI-PURPOSE
ATTACHMENT
MUST BE USED
EXTENSION ADAPTER
WHEN HEAVY WEIGHT
EQPT IS INSTALLED
EARTH FEDERATION FORCE
RX-79 BD-01
-DANGER-
EXPLOSIVE
FRONTAL
ARMOR
-DANGER-
-DANGER-
KEEP CLEAR
EXTERNAL EQPT.
ATTACHMENT INSIDE
-DANGER-
EXPLOSIVE
KNEE
ARMOR
-DANGER-
-DANGER-
WARNING
He-C REFRIGERATOR
/ HEAT EXCHANGER INSIDE.
DO NOT LEAVE
FAIRING REMOVED
01
EXAM TRIAL
M.A.M.E.T.
WARNING
AT OVERLOAD STATUS,
EMERGENCY FORCED DISCHARGER
WILL BE DRIVEN AUTOMATICALLY
AND KNEE ARMOR
RELEASED EXPLOSIVELY
▲輸送時にのみ施され
ていたマーキングで運
用時には削除された
CAUTION
ONLY FOR 100MM BOX CONTAINER
MUST BE USED EXTRA HOLDING DEVICE
WHEN OTHER TYPE MAGAZINE IS STOCKED
PUSH
THEN PULL
HANDLE
INSIDE
RESCUE
CAUTION
EXPLOSIVE RELEASE
EMERGENCY ONLY
NO STEP
NO STEP
JACKING
HERE

※ M.A.M.E.T.は機動兵装及び器材評価試験部隊（The Mobile Armament and Machinery Evalution and Trial Unit）の略

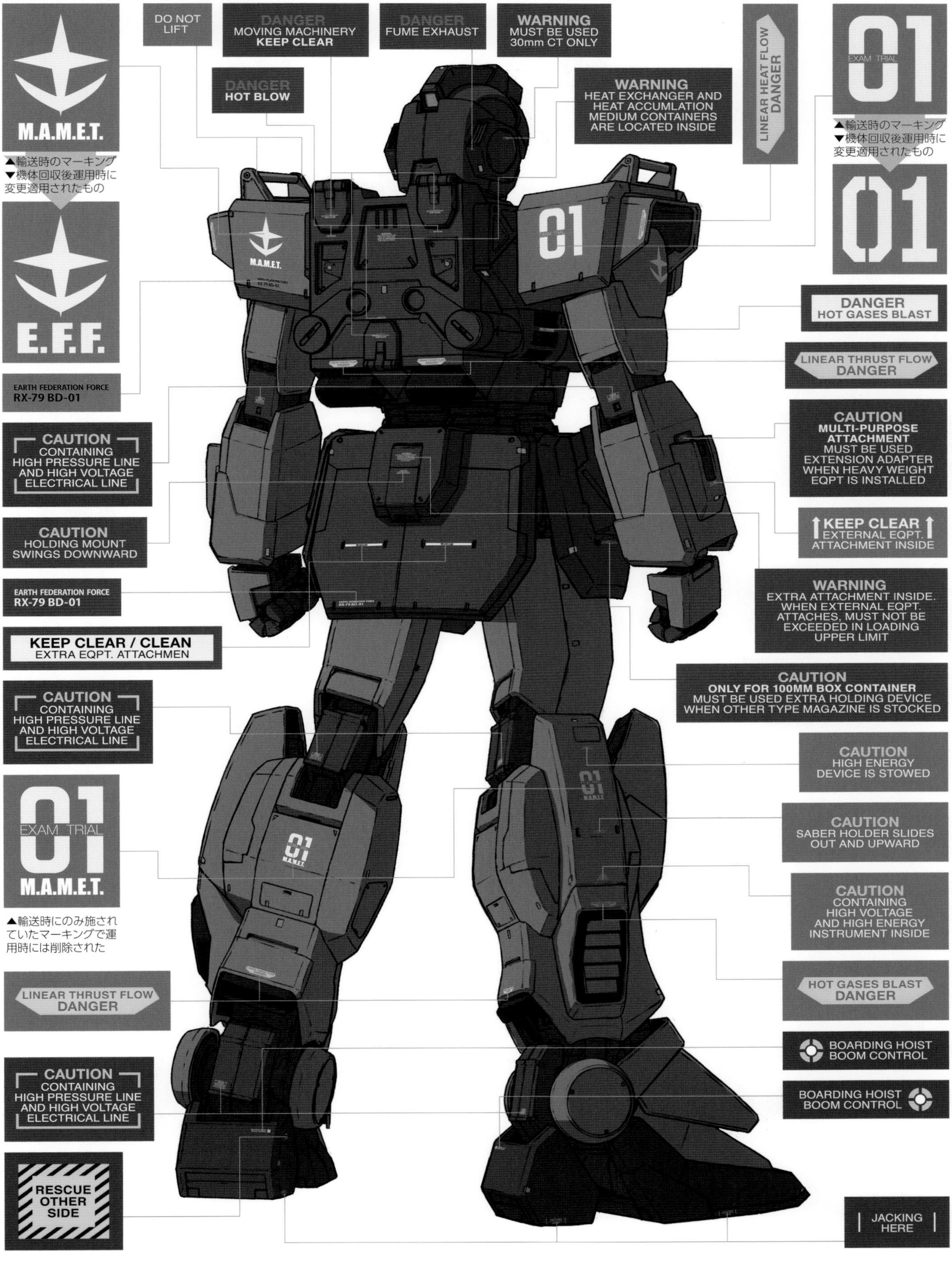

M.A.M.E.T.

▲輸送時のマーキング
▼機体回収後運用時に変更適用されたもの

E.F.F.

EARTH FEDERATION FORCE
RX-79 BD-01

CAUTION
CONTAINING
HIGH PRESSURE LINE
AND HIGH VOLTAGE
ELECTRICAL LINE

CAUTION
HOLDING MOUNT
SWINGS DOWNWARD

EARTH FEDERATION FORCE
RX-79 BD-01

KEEP CLEAR / CLEAN
EXTRA EQPT. ATTACHMEN

CAUTION
CONTAINING
HIGH PRESSURE LINE
AND HIGH VOLTAGE
ELECTRICAL LINE

01
EXAM TRIAL
M.A.M.E.T.

▲輸送時にのみ施されていたマーキングで運用時には削除された

LINEAR THRUST FLOW
DANGER

CAUTION
CONTAINING
HIGH PRESSURE LINE
AND HIGH VOLTAGE
ELECTRICAL LINE

RESCUE
OTHER
SIDE

DO NOT
LIFT

DANGER
MOVING MACHINERY
KEEP CLEAR

DANGER
FUME EXHAUST

WARNING
MUST BE USED
30mm CT ONLY

DANGER
HOT BLOW

WARNING
HEAT EXCHANGER AND
HEAT ACCUMLATION
MEDIUM CONTAINERS
ARE LOCATED INSIDE

LINEAR HEAT FLOW
DANGER

01
EXAM TRIAL

▲輸送時のマーキング
▼機体回収後運用時に変更適用されたもの

01

DANGER
HOT GASES BLAST

LINEAR THRUST FLOW
DANGER

CAUTION
MULTI-PURPOSE
ATTACHMENT
MUST BE USED
EXTENSION ADAPTER
WHEN HEAVY WEIGHT
EQPT IS INSTALLED

KEEP CLEAR
EXTERNAL EQPT.
ATTACHMENT INSIDE

WARNING
EXTRA ATTACHMENT INSIDE.
WHEN EXTERNAL EQPT.
ATTACHES, MUST NOT BE
EXCEEDED IN LOADING
UPPER LIMIT

CAUTION
ONLY FOR 100MM BOX CONTAINER
MUST BE USED EXTRA HOLDING DEVICE
WHEN OTHER TYPE MAGAZINE IS STOCKED

CAUTION
HIGH ENERGY
DEVICE IS STOWED

CAUTION
SABER HOLDER SLIDES
OUT AND UPWARD

CAUTION
CONTAINING
HIGH VOLTAGE
AND HIGH ENERGY
INSTRUMENT INSIDE

HOT GASES BLAST
DANGER

BOARDING HOIST
BOOM CONTROL

BOARDING HOIST
BOOM CONTROL

JACKING
HERE

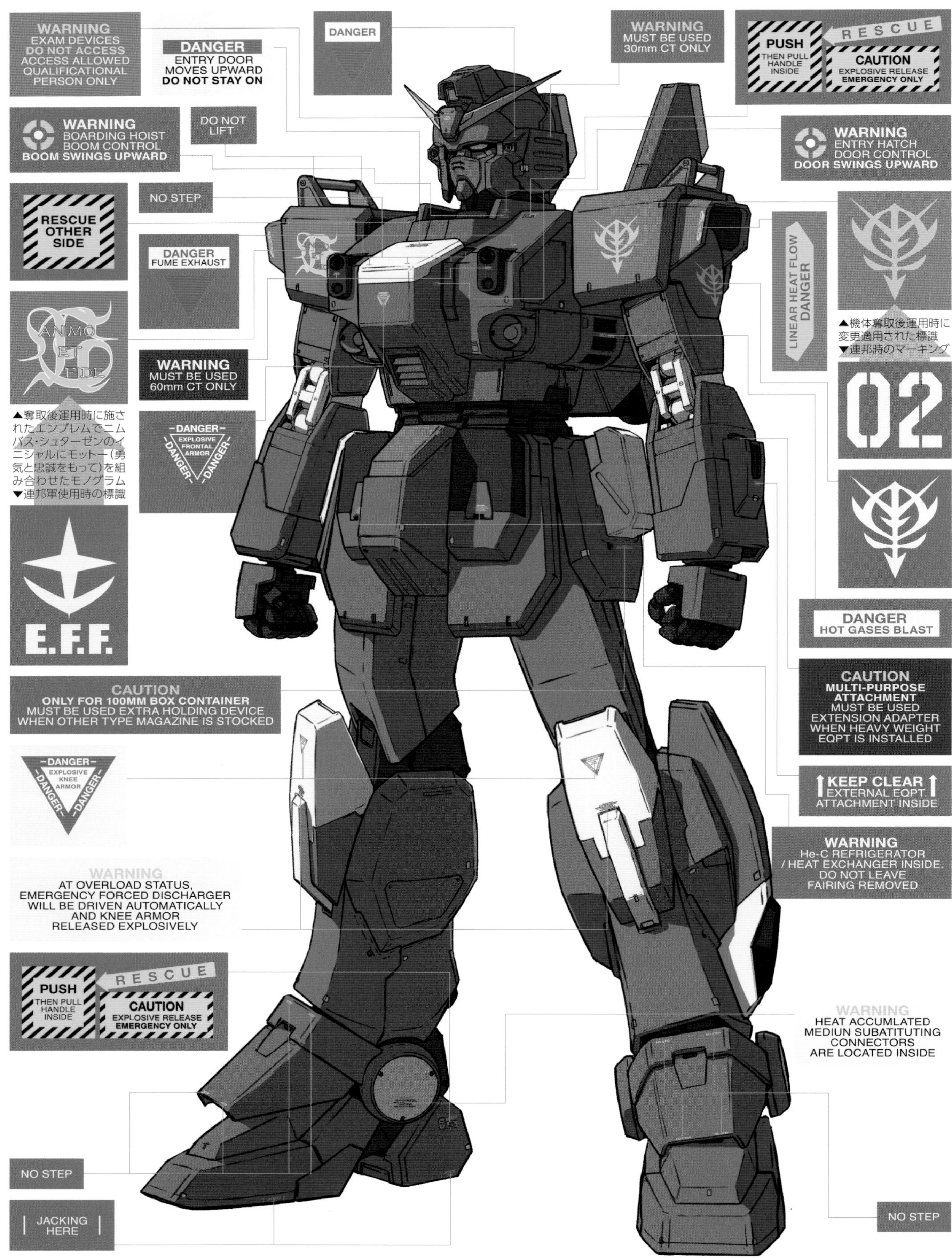
WARNING
EXAM DEVICES
DO NOT ACCESS
ACCESS ALLOWED
QUALIFICATIONAL
PERSON ONLY
DANGER
ENTRY DOOR
MOVES UPWARD
DO NOT STAY ON
DANGER
WARNING
MUST BE USED
30mm CT ONLY
PUSH
THEN PULL
HANDLE
INSIDE
RESCUE
CAUTION
EXPLOSIVE RELEASE
EMERGENCY ONLY
WARNING
BOARDING HOIST
BOOM CONTROL
BOOM SWINGS UPWARD
DO NOT
LIFT
WARNING
ENTRY HATCH
DOOR CONTROL
DOOR SWINGS UPWARD
NO STEP
RESCUE
OTHER
SIDE
DANGER
FUME EXHAUST
LINEAR HEAT FLOW
DANGER
▲機体奪取後運用時に
変更適用された標識
▼連邦時のマーキング
WARNING
MUST BE USED
60mm CT ONLY
ANMO ET FIDE
▲奪取後運用時に施されたエンブレムでニムバス・シュターゼンのイニシャルにモットー（勇気と忠誠をもって）を組み合わせたモノグラム
▼連邦軍使用時の標識
-DANGER-
EXPLOSIVE
FRONTAL
ARMOR
-DANGER-
-DANGER-
02
E.F.F.
DANGER
HOT GASES BLAST
CAUTION
ONLY FOR 100MM BOX CONTAINER
MUST BE USED EXTRA HOLDING DEVICE
WHEN OTHER TYPE MAGAZINE IS STOCKED
CAUTION
MULTI-PURPOSE
ATTACHMENT
MUST BE USED
EXTENSION ADAPTER
WHEN HEAVY WEIGHT
EQPT IS INSTALLED
-DANGER-
EXPLOSIVE
KNEE
ARMOR
-DANGER-
-DANGER-
KEEP CLEAR
EXTERNAL EQPT.
ATTACHMENT INSIDE
WARNING
He-C REFRIGERATOR
/ HEAT EXCHANGER INSIDE.
DO NOT LEAVE
FAIRING REMOVED
WARNING
AT OVERLOAD STATUS,
EMERGENCY FORCED DISCHARGER
WILL BE DRIVEN AUTOMATICALLY
AND KNEE ARMOR
RELEASED EXPLOSIVELY
PUSH
THEN PULL
HANDLE
INSIDE
RESCUE
CAUTION
EXPLOSIVE RELEASE
EMERGENCY ONLY
WARNING
HEAT ACCUMLATED
MEDIUN SUBATITUTING
CONNECTORS
ARE LOCATED INSIDE
NO STEP
JACKING
HERE
NO STEP

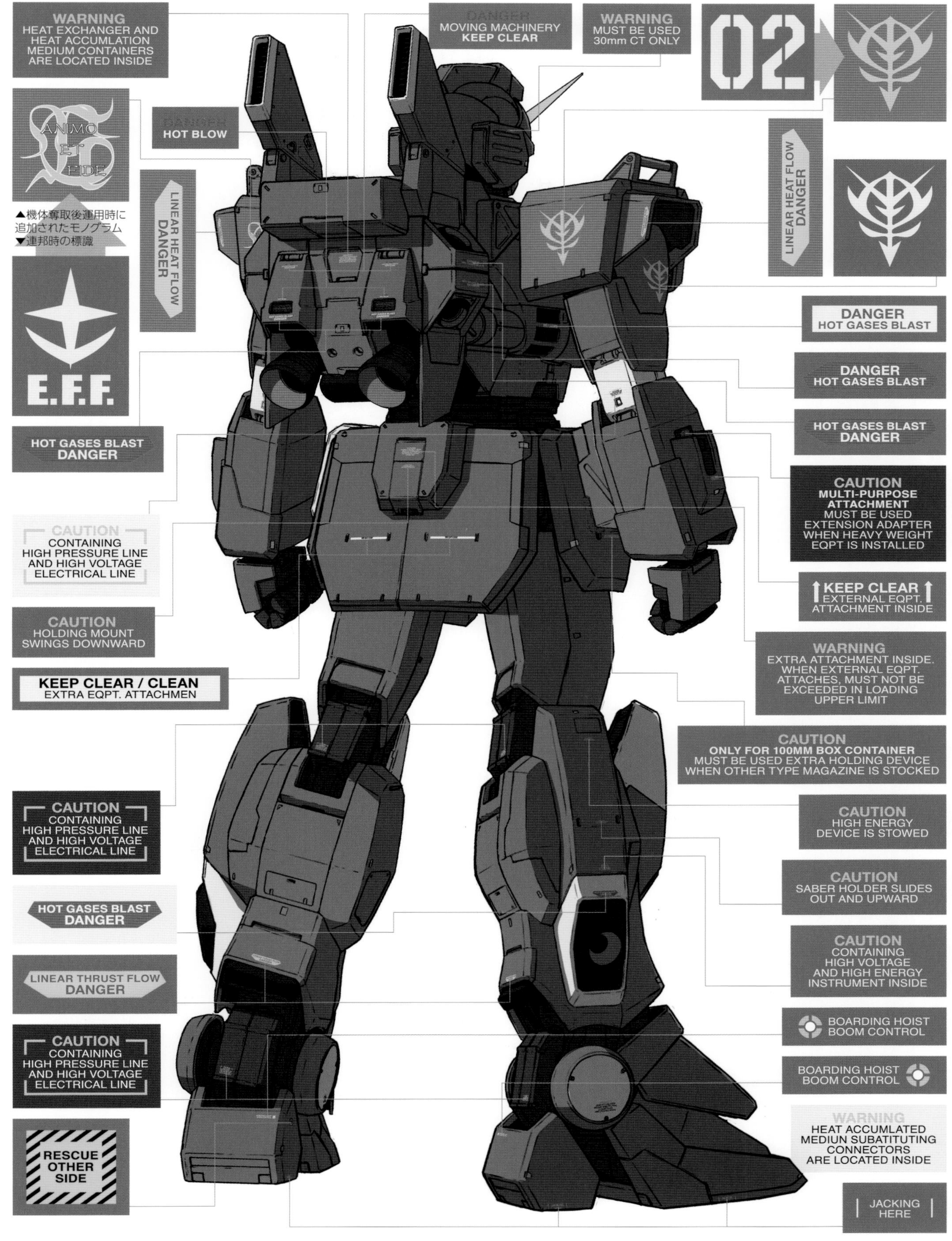
WARNING
HEAT EXCHANGER AND HEAT ACCUMLATION MEDIUM CONTAINERS ARE LOCATED INSIDE
DANGER
MOVING MACHINERY
KEEP CLEAR
WARNING
MUST BE USED 30mm CT ONLY
02
ANIMO ET FIDE
DANGER
HOT BLOW
LINEAR HEAT FLOW DANGER
▲機体奪取後運用時に追加されたモノグラム
▼連邦時の標識
E.F.F.
LINEAR HEAT FLOW DANGER
DANGER
HOT GASES BLAST
DANGER
HOT GASES BLAST
HOT GASES BLAST
DANGER
HOT GASES BLAST
DANGER
CAUTION
MULTI-PURPOSE ATTACHMENT
MUST BE USED EXTENSION ADAPTER WHEN HEAVY WEIGHT EQPT IS INSTALLED
CAUTION
CONTAINING HIGH PRESSURE LINE AND HIGH VOLTAGE ELECTRICAL LINE
KEEP CLEAR
EXTERNAL EQPT. ATTACHMENT INSIDE
CAUTION
HOLDING MOUNT SWINGS DOWNWARD
KEEP CLEAR / CLEAN
EXTRA EQPT. ATTACHMEN
WARNING
EXTRA ATTACHMENT INSIDE. WHEN EXTERNAL EQPT. ATTACHES, MUST NOT BE EXCEEDED IN LOADING UPPER LIMIT
CAUTION
ONLY FOR 100MM BOX CONTAINER
MUST BE USED EXTRA HOLDING DEVICE WHEN OTHER TYPE MAGAZINE IS STOCKED
CAUTION
CONTAINING HIGH PRESSURE LINE AND HIGH VOLTAGE ELECTRICAL LINE
CAUTION
HIGH ENERGY DEVICE IS STOWED
HOT GASES BLAST
DANGER
CAUTION
SABER HOLDER SLIDES OUT AND UPWARD
LINEAR THRUST FLOW
DANGER
CAUTION
CONTAINING HIGH VOLTAGE AND HIGH ENERGY INSTRUMENT INSIDE
BOARDING HOIST BOOM CONTROL
CAUTION
CONTAINING HIGH PRESSURE LINE AND HIGH VOLTAGE ELECTRICAL LINE
BOARDING HOIST BOOM CONTROL
RESCUE OTHER SIDE
WARNING
HEAT ACCUMLATED MEDIUN SUBATITUTING CONNECTORS ARE LOCATED INSIDE
JACKING HERE

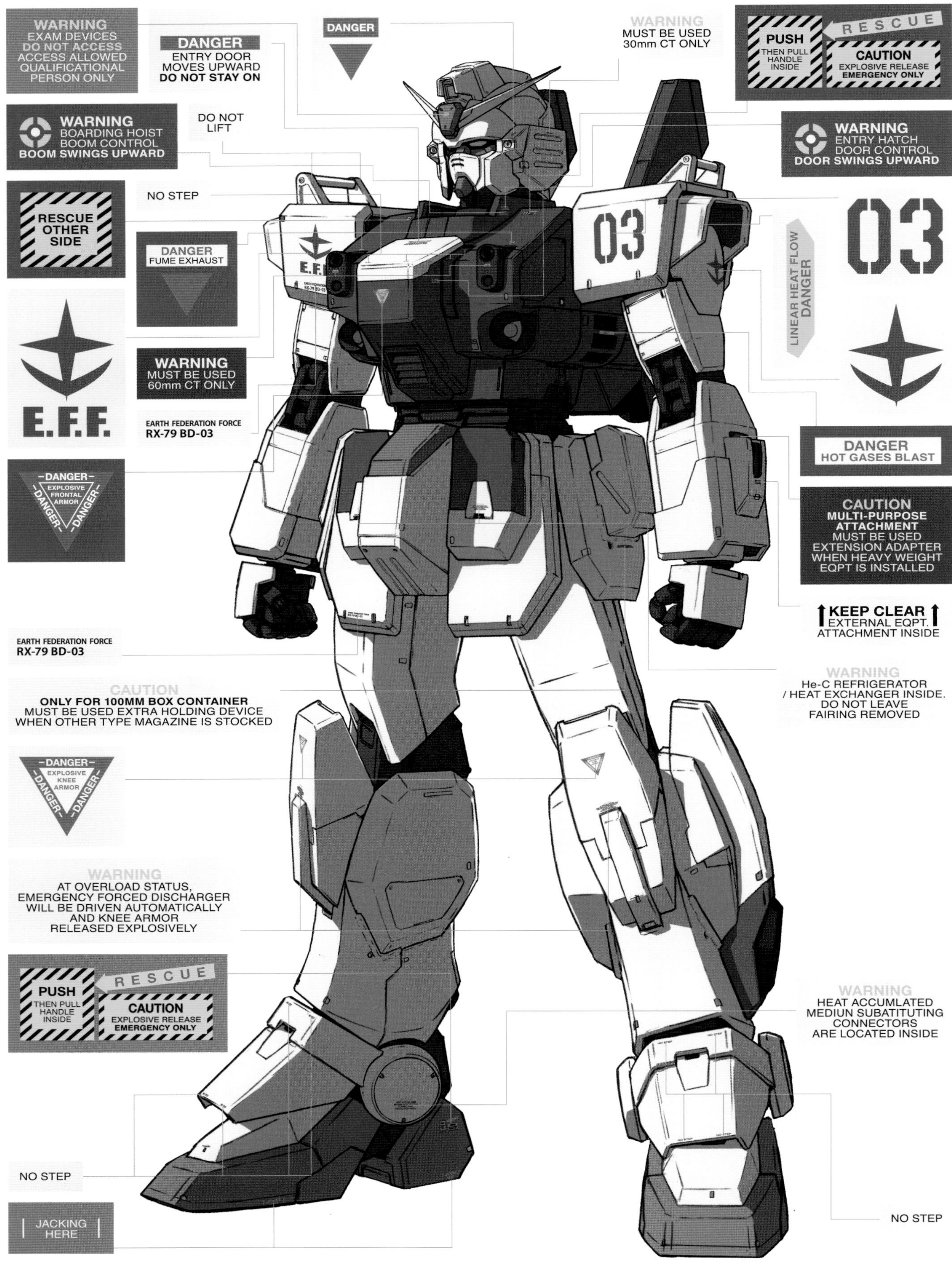
WARNING
EXAM DEVICES
DO NOT ACCESS
ACCESS ALLOWED
QUALIFICATIONAL
PERSON ONLY
DANGER
ENTRY DOOR
MOVES UPWARD
DO NOT STAY ON
DANGER
WARNING
MUST BE USED
30mm CT ONLY
PUSH
THEN PULL
HANDLE
INSIDE
RESCUE
CAUTION
EXPLOSIVE RELEASE
EMERGENCY ONLY
WARNING
BOARDING HOIST
BOOM CONTROL
BOOM SWINGS UPWARD
DO NOT
LIFT
WARNING
ENTRY HATCH
DOOR CONTROL
DOOR SWINGS UPWARD
NO STEP
RESCUE
OTHER
SIDE
DANGER
FUME EXHAUST
03
LINEAR HEAT FLOW
DANGER
03
E.F.F.
WARNING
MUST BE USED
60mm CT ONLY
EARTH FEDERATION FORCE
RX-79 BD-03
DANGER
HOT GASES BLAST
-DANGER-
EXPLOSIVE
FRONTAL
ARMOR
-DANGER-
-DANGER-
CAUTION
MULTI-PURPOSE
ATTACHMENT
MUST BE USED
EXTENSION ADAPTER
WHEN HEAVY WEIGHT
EQPT IS INSTALLED
KEEP CLEAR
EXTERNAL EQPT.
ATTACHMENT INSIDE
EARTH FEDERATION FORCE
RX-79 BD-03
WARNING
He-C REFRIGERATOR
/ HEAT EXCHANGER INSIDE.
DO NOT LEAVE
FAIRING REMOVED
CAUTION
ONLY FOR 100MM BOX CONTAINER
MUST BE USED EXTRA HOLDING DEVICE
WHEN OTHER TYPE MAGAZINE IS STOCKED
-DANGER-
EXPLOSIVE
KNEE
ARMOR
-DANGER-
-DANGER-
WARNING
AT OVERLOAD STATUS,
EMERGENCY FORCED DISCHARGER
WILL BE DRIVEN AUTOMATICALLY
AND KNEE ARMOR
RELEASED EXPLOSIVELY
PUSH
THEN PULL
HANDLE
INSIDE
RESCUE
CAUTION
EXPLOSIVE RELEASE
EMERGENCY ONLY
WARNING
HEAT ACCUMLATED
MEDIUN SUBATITUTING
CONNECTORS
ARE LOCATED INSIDE
NO STEP
NO STEP
JACKING
HERE

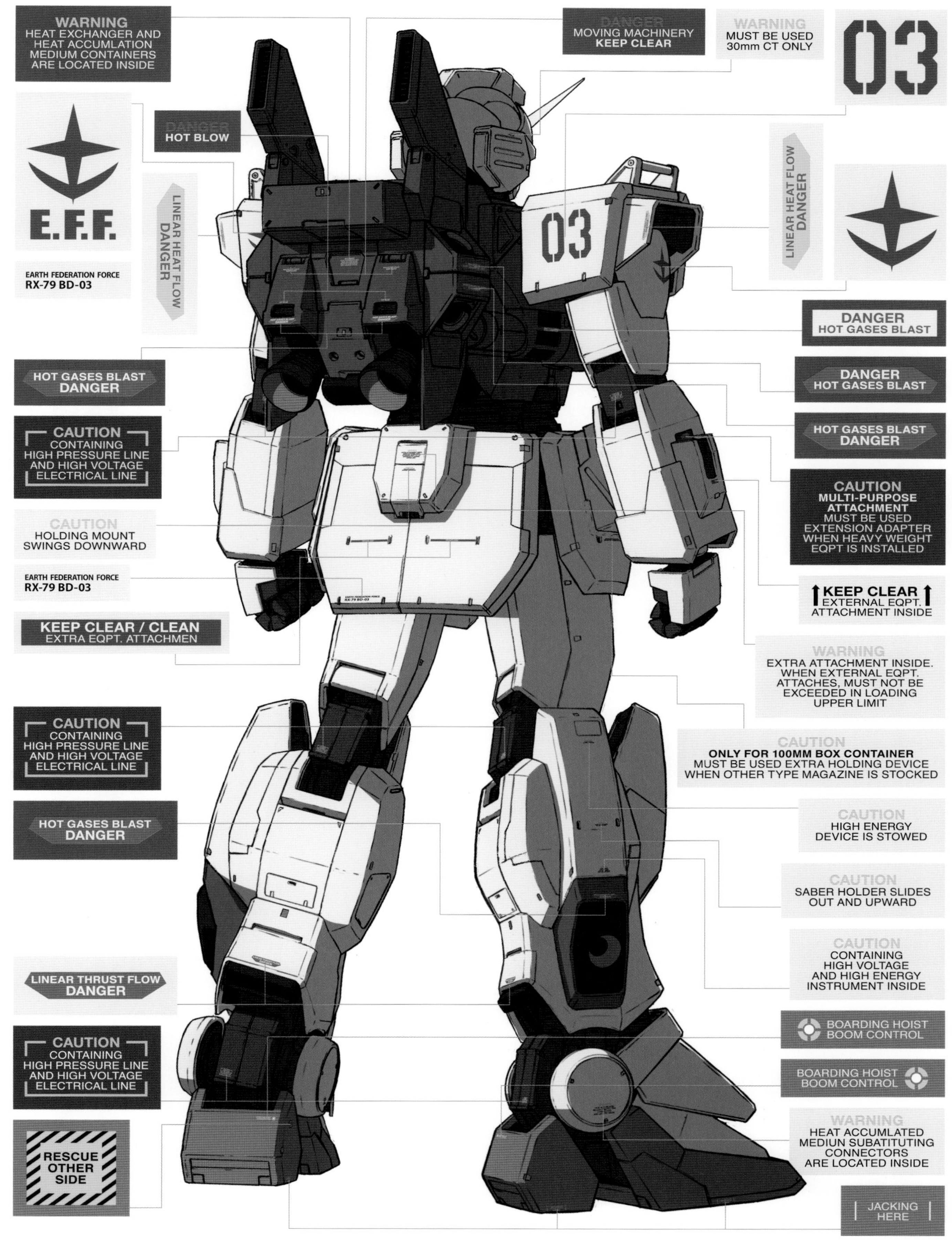
WARNING
HEAT EXCHANGER AND HEAT ACCUMLATION MEDIUM CONTAINERS ARE LOCATED INSIDE
DANGER
MOVING MACHINERY
KEEP CLEAR
WARNING
MUST BE USED 30mm CT ONLY
03
DANGER
HOT BLOW
E.F.F.
LINEAR HEAT FLOW
DANGER
EARTH FEDERATION FORCE
RX-79 BD-03
LINEAR HEAT FLOW
DANGER
03
DANGER
HOT GASES BLAST
HOT GASES BLAST
DANGER
DANGER
HOT GASES BLAST
CAUTION
CONTAINING
HIGH PRESSURE LINE
AND HIGH VOLTAGE
ELECTRICAL LINE
HOT GASES BLAST
DANGER
CAUTION
MULTI-PURPOSE ATTACHMENT
MUST BE USED EXTENSION ADAPTER WHEN HEAVY WEIGHT EQPT IS INSTALLED
CAUTION
HOLDING MOUNT SWINGS DOWNWARD
EARTH FEDERATION FORCE
RX-79 BD-03
KEEP CLEAR
EXTERNAL EQPT. ATTACHMENT INSIDE
KEEP CLEAR / CLEAN
EXTRA EQPT. ATTACHMEN
WARNING
EXTRA ATTACHMENT INSIDE. WHEN EXTERNAL EQPT. ATTACHES, MUST NOT BE EXCEEDED IN LOADING UPPER LIMIT
CAUTION
CONTAINING
HIGH PRESSURE LINE
AND HIGH VOLTAGE
ELECTRICAL LINE
CAUTION
ONLY FOR 100MM BOX CONTAINER
MUST BE USED EXTRA HOLDING DEVICE WHEN OTHER TYPE MAGAZINE IS STOCKED
HOT GASES BLAST
DANGER
CAUTION
HIGH ENERGY DEVICE IS STOWED
CAUTION
SABER HOLDER SLIDES OUT AND UPWARD
CAUTION
CONTAINING HIGH VOLTAGE AND HIGH ENERGY INSTRUMENT INSIDE
LINEAR THRUST FLOW
DANGER
BOARDING HOIST BOOM CONTROL
CAUTION
CONTAINING
HIGH PRESSURE LINE
AND HIGH VOLTAGE
ELECTRICAL LINE
BOARDING HOIST BOOM CONTROL
WARNING
HEAT ACCUMLATED MEDIUN SUBATITUTING CONNECTORS ARE LOCATED INSIDE
RESCUE OTHER SIDE
JACKING HERE

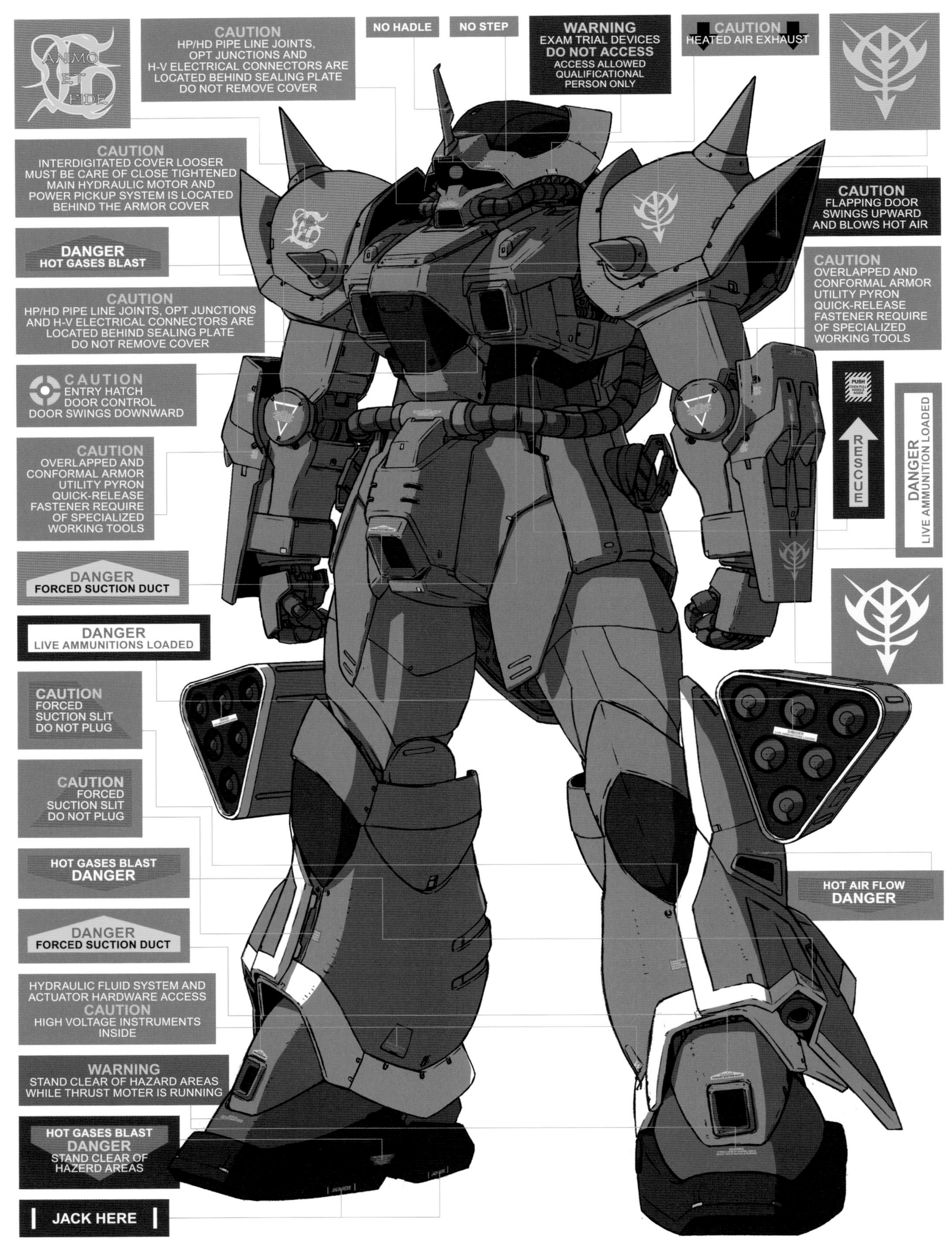
CAUTION
HP/HD PIPE LINE JOINTS,
OPT JUNCTIONS AND
H-V ELECTRICAL CONNECTORS ARE
LOCATED BEHIND SEALING PLATE
DO NOT REMOVE COVER
NO HADLE
NO STEP
WARNING
EXAM TRIAL DEVICES
DO NOT ACCESS
ACCESS ALLOWED
QUALIFICATIONAL
PERSON ONLY
CAUTION
HEATED AIR EXHAUST
CAUTION
INTERDIGITATED COVER LOOSER
MUST BE CARE OF CLOSE TIGHTENED
MAIN HYDRAULIC MOTOR AND
POWER PICKUP SYSTEM IS LOCATED
BEHIND THE ARMOR COVER
CAUTION
FLAPPING DOOR
SWINGS UPWARD
AND BLOWS HOT AIR
DANGER
HOT GASES BLAST
CAUTION
OVERLAPPED AND
CONFORMAL ARMOR
UTILITY PYRON
QUICK-RELEASE
FASTENER REQUIRE
OF SPECIALIZED
WORKING TOOLS
CAUTION
HP/HD PIPE LINE JOINTS, OPT JUNCTIONS
AND H-V ELECTRICAL CONNECTORS ARE
LOCATED BEHIND SEALING PLATE
DO NOT REMOVE COVER
CAUTION
ENTRY HATCH
DOOR CONTROL
DOOR SWINGS DOWNWARD
RESCUE
DANGER
LIVE AMMUNITION LOADED
CAUTION
OVERLAPPED AND
CONFORMAL ARMOR
UTILITY PYRON
QUICK-RELEASE
FASTENER REQUIRE
OF SPECIALIZED
WORKING TOOLS
DANGER
FORCED SUCTION DUCT
DANGER
LIVE AMMUNITIONS LOADED
CAUTION
FORCED
SUCTION SLIT
DO NOT PLUG
CAUTION
FORCED
SUCTION SLIT
DO NOT PLUG
HOT GASES BLAST
DANGER
HOT AIR FLOW
DANGER
DANGER
FORCED SUCTION DUCT
HYDRAULIC FLUID SYSTEM AND
ACTUATOR HARDWARE ACCESS
CAUTION
HIGH VOLTAGE INSTRUMENTS
INSIDE
WARNING
STAND CLEAR OF HAZARD AREAS
WHILE THRUST MOTER IS RUNNING
HOT GASES BLAST
DANGER
STAND CLEAR OF
HAZERD AREAS
JACK HERE

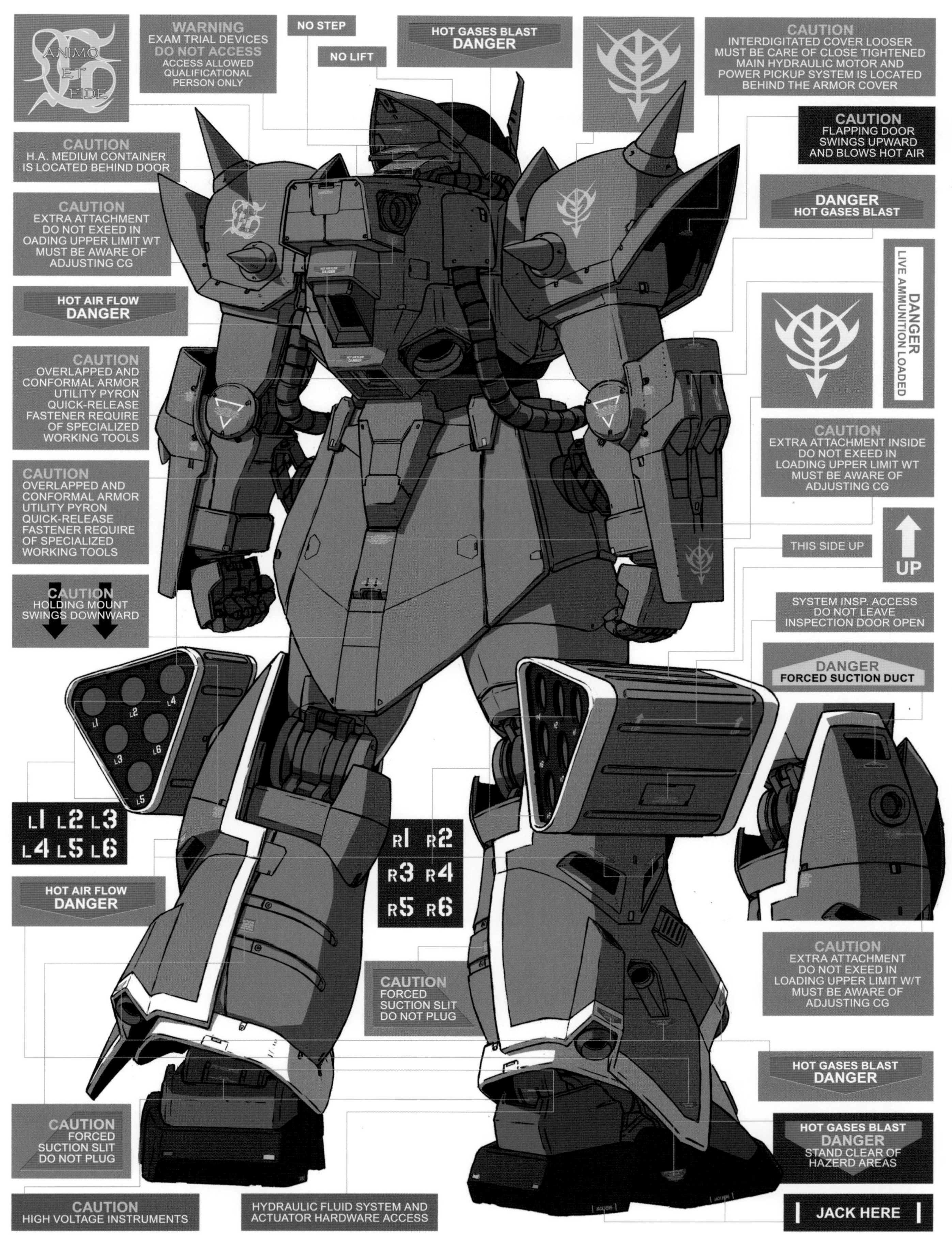
ANIMO ET FIDE
WARNING
EXAM TRIAL DEVICES
DO NOT ACCESS
ACCESS ALLOWED
QUALIFICATIONAL
PERSON ONLY
NO STEP
NO LIFT
HOT GASES BLAST
DANGER
CAUTION
INTERDIGITATED COVER LOOSER
MUST BE CARE OF CLOSE TIGHTENED
MAIN HYDRAULIC MOTOR AND
POWER PICKUP SYSTEM IS LOCATED
BEHIND THE ARMOR COVER
CAUTION
FLAPPING DOOR
SWINGS UPWARD
AND BLOWS HOT AIR
CAUTION
H.A. MEDIUM CONTAINER
IS LOCATED BEHIND DOOR
CAUTION
EXTRA ATTACHMENT
DO NOT EXEED IN
OADING UPPER LIMIT WT
MUST BE AWARE OF
ADJUSTING CG
DANGER
HOT GASES BLAST
DANGER
LIVE AMMUNITION LOADED
HOT AIR FLOW
DANGER
CAUTION
OVERLAPPED AND
CONFORMAL ARMOR
UTILITY PYRON
QUICK-RELEASE
FASTENER REQUIRE
OF SPECIALIZED
WORKING TOOLS
CAUTION
EXTRA ATTACHMENT INSIDE
DO NOT EXEED IN
LOADING UPPER LIMIT WT
MUST BE AWARE OF
ADJUSTING CG
CAUTION
OVERLAPPED AND
CONFORMAL ARMOR
UTILITY PYRON
QUICK-RELEASE
FASTENER REQUIRE
OF SPECIALIZED
WORKING TOOLS
THIS SIDE UP
UP
CAUTION
HOLDING MOUNT
SWINGS DOWNWARD
SYSTEM INSP. ACCESS
DO NOT LEAVE
INSPECTION DOOR OPEN
DANGER
FORCED SUCTION DUCT
L1 L2 L3
L4 L5 L6
R1 R2
R3 R4
R5 R6
HOT AIR FLOW
DANGER
CAUTION
FORCED
SUCTION SLIT
DO NOT PLUG
CAUTION
EXTRA ATTACHMENT
DO NOT EXEED IN
LOADING UPPER LIMIT W/T
MUST BE AWARE OF
ADJUSTING CG
HOT GASES BLAST
DANGER
CAUTION
FORCED
SUCTION SLIT
DO NOT PLUG
HOT GASES BLAST
DANGER
STAND CLEAR OF
HAZERD AREAS
CAUTION
HIGH VOLTAGE INSTRUMENTS
HYDRAULIC FLUID SYSTEM AND
ACTUATOR HARDWARE ACCESS
JACK HERE

ブルーディスティニーの構造

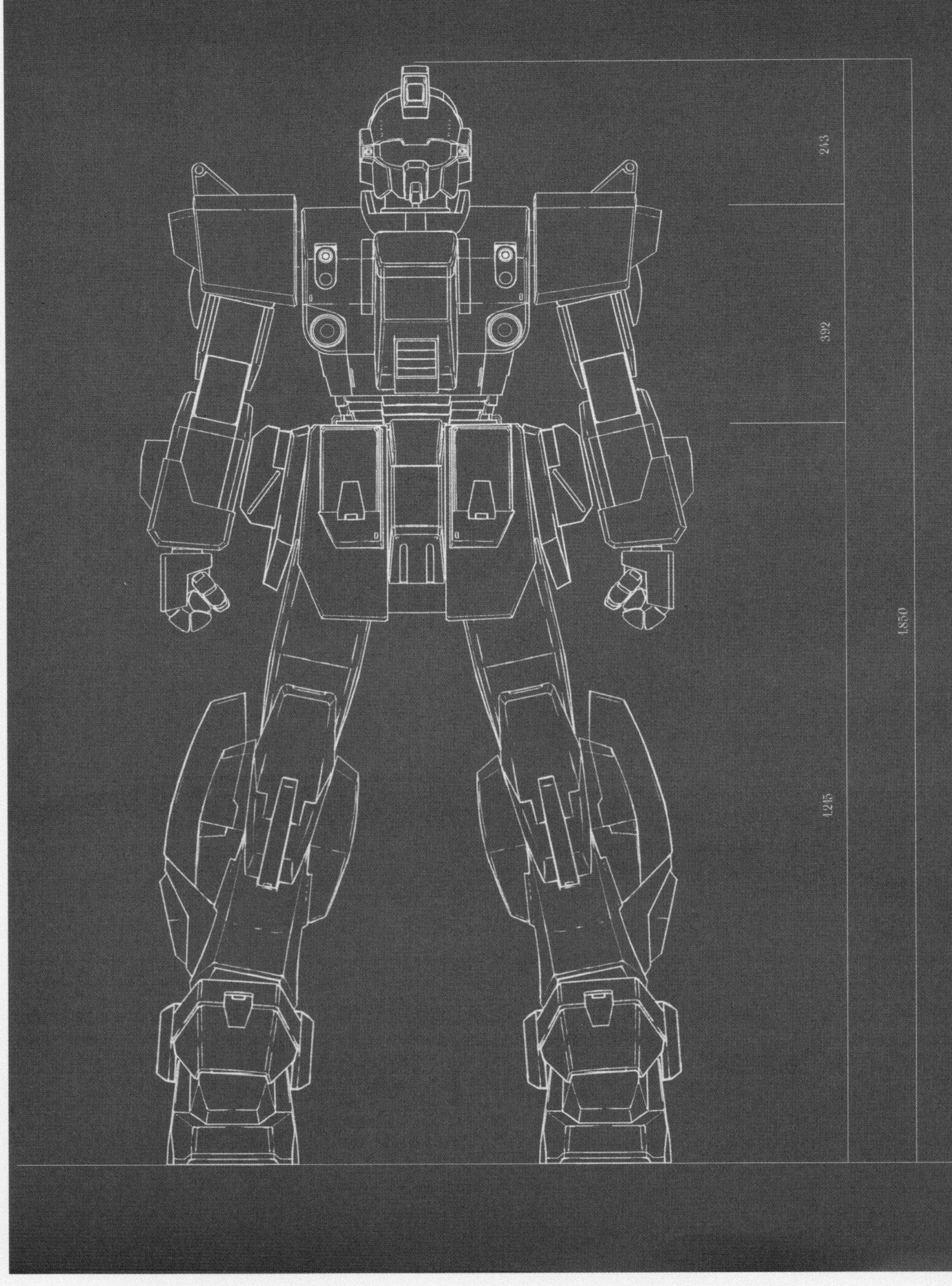

時系列的にRGM-79〈ジム〉の先行生産と捉(とら)えられることの多いRGM-79[G]〈陸戦型ジム〉だが、実質的にはまったく異なる機種であることもよく知られている事実である。先行生産（または先行量産）という言い方をする場合、量産ライン（この場合は最終アッセンブルラインのことであり、各部のユニットやモジュールは別の生産ラインで生産され品質検査が行われたうえで、量産ラインに送られる）が計画通りに稼働し、予定通りのクオリティで生産ができるかどうかを評価するための試験生産であり、不都合があれば生産ラインや機体構造の見直しを図るための工程で、したがって、構造はもとより外観（装甲外殻）がまったく異なってしまっては、比較対照が行えないため無意味である。こうした観点からすればRGM-79[G]はRGM-79の先行生産にはあたらない機種であることは明らかである。しかも生産数が50機（連邦軍MSでは1バッチ50機が定数であった）あまりといわれており、先行生産としては数が多すぎることもRGM-79の先行生産機ではないことを物語っている。

RGM-79[G]は、機体を構成する基本的なパーツやユニットこそRGM-79用に生産が開始されたものを使用して疑似内骨格式構造を流用しているが、宇宙空間における運用に

不可欠なエレメント、地上運用と共用化し得るエレメントを取捨選択、ここに地上運用に最適だと思われる要素を加えたうえで生産された純陸軍向けの“試験”運用機種で、RGM-79を地上部隊用に転換する際に必要なベーシックなデータを収集する目的もあり、計画は実働へと容易に転じたようである。

陸戦型と呼ばれる機種群は、量産型RGM-79と同様にコア・ブロック・システムが廃されており、上下半身の可逆的な分離結合に関連する複雑な機構はすべて撤去された。RGM-79では動力源となるパワー・モジュールと操縦キャビンを納めるコックピット・モジュールをあわせ非変形式の“コア・ブロック”としてユニット化し生産性向上を図っているが、RGM-79[G]についてはまったく異なる構造が採用されていた。

個々のパーツやユニットなど機械要素としてのコンポーネントは互換性を維持して共用化を図り、またパワー・モジュールもRGM-79用のそれを使用してはいたものの、実際には構造単位であるモジュールとしての互換性はほぼなかったに等しい。というのも地上運用ということの利点を活用し、冷却系統の熱交換に空冷方式が大幅に導入されたためである。

■RX-79BDのジェネレーターとその搭載位置

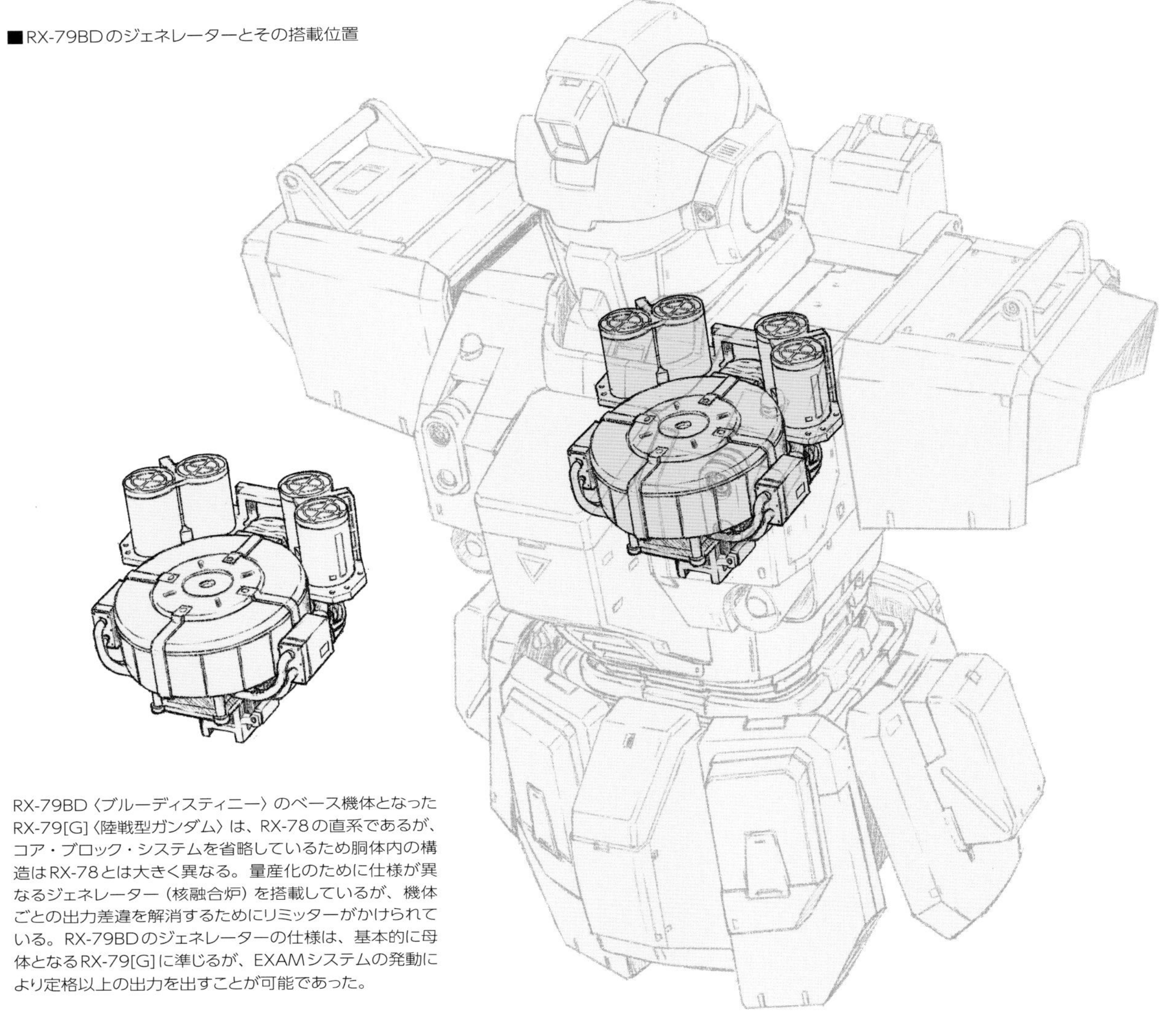

RX-79BD〈ブルーディスティニー〉のベース機体となったRX-79[G]〈陸戦型ガンダム〉は、RX-78の直系であるが、コア・ブロック・システムを省略しているため胴体内の構造はRX-78とは大きく異なる。量産化のために仕様が異なるジェネレーター（核融合炉）を搭載しているが、機体ごとの出力差違を解消するためにリミッターがかけられている。RX-79BDのジェネレーターの仕様は、基本的に母体となるRX-79[G]に準じるが、EXAMシステムの発動により定格以上の出力を出すことが可能であった。

これはパワー・モジュールのみならず機体全体の冷却系に共通する変更点で、冷却用触媒の除熱には機械的構造の単純化が可能となるヒートシンク及びベイパーチェンバー方式の機器が用いられていた。

RX-78シリーズやRGM-79は宇宙における運用が前提であるため、加速や持続、姿勢制御制動用のアクセラレーター、サステイナーやスラスター用モーターと燃料が機体各所に設置されていたが、陸戦型機種ではそのほとんどが降ろされている（一部は姿勢回復に有効だとして残されていたが）。また、循環式の冷却媒体と蓄熱物質用回路に必要な機器、蓄熱物質の一部を放出して姿勢制御に利用する機構などもすべて撤去された。そのかわりに、機体内への吸気を行うダクトと排熱用ベントが各所に設置されることとなる。

同様にRX-79[G]もまたきわめて特殊な条件下で生産された機種である。一連のRX-78シリーズ機体を製造するにあたって、規格外となった余剰部品を利用したというのが定説になっているが、実質的にそうなのか断定するにはいささか疑問が残る。ここでも先行量産という言葉が用いられているが、先述のようにRX-79[G]もまた量産ラインに関係の無い機種であることは明白で、限定的な少数生産機種として認可を取り付けた上で、主力モビルスーツの中に予算を割り振った特例的な生産機であった可能性は高い。

余剰部品を利用したというのも名目上のもので、試作MSとしてプランが認可されたRX-78シリーズ用の調達資材に、あらかじめ陸軍の意向に沿った性能を有するMS用の資材調達を紛（まぎ）れ込ませていた可能性がある。これは、ルナ・チタニウム合金という極めて高価な超硬合金を用いておきながら規格外の余剰品として放置すること自体に疑問が湧かないはずはなく、とりわけ消耗品と認識されるユニットに関しては予備部品がいくらあってもかまわないはずで、品質が不適と判断されても要求仕様に適合するように加工調整するか、再利用の方向性を模索したというほうが腑（ふ）に落ちる。むしろ、モビルスーツ開発と運用の主導が宇宙軍にあ

ジオン公国軍に大きく遅れることになった地球連邦軍のMS戦力化であるが、一年戦争末期にはV作戦によって試作されたRX-78-2〈ガンダム〉（写真右上）や汎用型であるRGM-79、RX-78の製造ラインを一部流用したRX-79[G]〈陸戦型ガンダム〉（写真右下）など、様々な型式のMSが戦線に投入された。写真左はRGM-79G〈ジム・コマンド〉で、開発時に地球上でもテストされた後、コロニー守備隊などに配備された。

りながら、ジオン公国軍の地球侵攻が（信頼できる筋の情報として）現実味を帯びた時点で、汎用型量産機（つまりRGM-79）では心許ないと感じた連邦軍上層の一部が、ホームランド防衛の要となる地上MS専用部隊の創設と機体の試験的生産を求め、認可を得て、極秘裡に（これは諜報という観点から伏せられていたようである）RX-78シリーズ及びRGM-79の設計をベースに急遽(きゅうきょ)開発が進められたのではないだろうか。

こう考えれば“先行量産型ガンダム”とも呼ばれたRX-79[G]は、主要なユニット（駆動系、制御系）をRX-78用と共用することを前提に、余剰という名目でRX78系以外の機種へと転用することもあらかじめ決められていたと考えれば、地上運用に特化した“オーダーメイド”の機種として一定数を確保し（20機あまり生産されたという。編成にもよるがおよそ中隊規模の機数に相当する）実戦投入できた理由も納得できる。RGM-79[G]同様に、機体稼働データ収集という目的もあろうがそれはあまり重要度は高くなく、むしろ運用上の不都合（特に整備など）を洗い出す、地上におけるMS戦闘戦術の開発、策定された戦術の評価などを行うことが主であった。

運動／制御についていえば地上運用データだけで充分であり、宇宙空間／重力下兼用の複雑な機体制御システムは原則不要となるため、搭載コンピューターはRX-78シリーズの搭載機材よりもスペックダウンし、高性能な学習型でもない（これはノックダウン版で性能が低いという意味ではない。不要なオーバースペック器材を適用する必要はないという合理的な判断による）。

機体の装甲外殻についてはRX-78シリーズとはまったく異なる設計思想のものとして仕上げられている。ルナ・チタニウム合金の一次加工材料をもとに、要求される仕様に外殻を成型しているわけだが、RX-78シリーズ用に比べより直線／平面の印象が強いものである。これは、加工生産性を重視した結果であろうと思われる。

写真奥に見えるRGM-79G〈ジム・コマンド〉は、地球上ではオーガスタに拠点を持つ宇宙軍系のMSであるが、総合評価のためにジャブローに持ち込まれた機体が、一時期各地に送られて実戦テストされたとされる。この写真はそのような作戦においてRX-79BDと小隊を組んだ際のものであろう。

【BDの蒼】

“ブルーディスティニー”と呼ばれるようになった連邦軍の特異なモビルスーツ（型式表示のBDが何を示すのか不明であるが「Blot Detector 汚点を検知するもの」という穏やかならぬ意味があったともされる）は、その通称「ブルー」が示すように、機体の瑠璃紺（るりこん）のような濃い蒼が強い印象を残した。この機体の蒼は、塗装によるもので、かつクルスト・モーゼス博士による夢想的な着想により選択されたと伝えられるが、新しく入手された資料によれば、そうではなかった可能性が浮上してきた。すなわち、連邦軍が準備していた試験的技術のひとつである「チタニウム合金装甲材表面硬化処理法」の適用により付随的に発生したものだ、というのである。

装甲材の表面硬化処理を求めた理由はもちろん、実体弾兵器に対する装甲耐弾性能の強化ということが第一義だが、運用面から見ると、もともと加工成型段階で傾斜機能材料として完成した装甲部材に対し、部分的な追加加工や補修が必要となった場合、付加的に当て板した部分やその周辺強度がどうしても低下する傾向にあることへの対策として研究が行われ、装甲強度保証を均質化して担保できるような加工技術が必要であるという判断が下されたことを発端とする。したがって、本来要求された表面硬化処理法は、宇宙空間に存在するファクトリーレベルでの設備を利用しユニット全体に最終加工として施すような規模を想定したものではなく、戦線後方にある整備拠点となる小規模施設、あるいは兵器運用現場における整備部隊レベルであってさえ適用可能な簡便な加工法であった。とはいえ、そのような工法が容易に実現するわけもない。

要求仕様書によれば、表面硬化層形成は平均深度５ミリ程度、材料物性の5%程度の硬度向上を目指しており、なおかつ高強度チタニウム合金、ルナ・チタニウム合金を問わず処理が可能となる方法を望んでいた。技術は完成に至ってはいないがEXAM搭載機開発当時、その加工法の方向性は定まっており、本来の目的である簡便な部分的処理ということこそ目処はたっていないが、大規模な設備があれば完成された装甲に対して、要求仕様に即した表面硬度の向上はひと

まず可能となってはいた。硬化処理そのものの実用性、有効性を確認する目的もあり、実用試験的な意味から“極限性能未知数”であるBD機体への処理適用が認可された。これは、コンピューター・シミュレーションだけでは、表面剛性強化が総体としての機体構造靱性にもたらす影響を充分に把握しえなかったという結果に起因する。

ただ当時の技術で要求を満たすような硬化層を得る処理を施した場合に生じる問題として、処理表面が暗青色に発色することを押さえることが難しかったことである。前線の実戦配備機として運用するのであれば最終的に塗装を施してしまえばよいだけのことであるが、迷彩効果に強く拘泥する必要のないEXAM実験機体は、表面硬化形成層の実効性を検証するということ、暗青色仕上げの機体をそのまま使用することが決定されたという。硬化層が発色するという特性は、従来からチタン合金に行われてきた陽極酸化処理による色付けが酸化皮膜層の厚さにより発色の変化をもたらすことに似ているが、表面硬化層形成による暗青色はこの発色メカニズムとはまったく異なっていたらしい。

それはともかく見方を変えれば、処理硬度を維持しながら発色をコントロールし、色相を自在に操作する技術につながれば、機体（モビルスーツに限ったことではない）に施す塗装工程の省略や簡易化も視野に入れることが可能となり、特に地球圏ではMSサイズで百数十キログラムの質量軽減となり、ともすれば航空機などではデッドウェイトともなりうる塗料重量や塗布労力の軽減に直結する。連邦の技術開発陣は引き続き研究を継続していた。

このような理由からRX-79BDシリーズは“蒼いモビルスーツ”となったが、ゼロ号機に関しては、従来通りの軀体、筐体(きょうたい)材料をそのまま用いているため表面硬化処理は施されておらず、敵味方識別を意図した塗装による青・白の仕上げとなっており、また3号機については、テストフィールドを宇宙にまで拡大する構想があったことから、表面硬化処理後に耐宇宙線塗料である“標準白色機能性塗料”をオーバーペイント、蒼色部分にも耐宇宙線防御用塗料としての蒼が塗布されたという。

EXAMシステムを搭載した〈イフリート改〉とRX-79BDは、同じくクルスト・モーゼス博士を開発者に持ち、彼の執着によって同じ"蒼"をまとうこととなったとされるが、それとは無関係な経緯を経た可能性もあると言われる。果たして、真実はいかなるものだったのか。

【イフリート改の蒼】

一方、同じくEXAMシステムが搭載された〈イフリート改〉もまた、RX-79BDと同様に鮮やかな“蒼”をまとった姿で実戦投入されている。アプローチや狙いは異なるものの、地球連邦軍もジオン公国軍も、MSの装甲表面の強化あるいは性能維持のための工法を模索した結果、偶然にも同じような“蒼”に辿り着いたのであった。現在の研究では、〈イフリート改〉に採用された外装色の蒼は、ツィマット系MSの装甲用合金に対する酸化防止用表面処理法の研究が反映されたものではないかと考えられている。

ジオニック社が運用したMSの装甲は、硬度調整に主眼を置いて改質された超硬スチール合金だったが、鉄合金であるスチールは有酸素環境下では「錆びる」という弱点がある。この問題点は、予てから地球侵攻作戦でモビルスーツを地上で運用するシミュレーションで度々問題となっていた。限られた資源を元に宇宙空間での運用を主体に開発されたジオニック社製MSは、宇宙戦闘機同様に宇宙線への暴露対策を前提にした保護手段のひとつとして塗装技術が発展している。このため、塗装により形成される塗膜層は地上運用される地球連邦軍製MSに施された保護偽装を目的とする塗料とは根本的な機能そのものが異なり、美粧・偽装としての目的もさることながら、有害な宇宙線をカットするための機能性粒子も混溶されているため、単位体積当たりの塗膜質量は、地上で用いられていた塗料の2倍に近いものとなっていた。第9バンチコロニー「海」での実機テストは、宇宙世紀に入って半世紀が経っていてもマテリアルによる属性は変わらず、技術が進化しても大自然の前では経年風化により何の対策もしなければそのままでは運動性能に悪影響をもたらすだけでなく、運用環境が劣悪であれば知らないうちに進んだ腐蝕が原因で、機動を切っ掛けに機体構造が自重崩壊する可能性をはらんでいるとまで考えていたようである。

なお、MIP社では、この腐食問題に対してMSの装甲材質をチタン・セラミック複合材に変えることで水陸両用MSのシェアを奪っている。しかし、陸戦用MSでは〈ズゴック〉の完成まで待つ必要があったようだ。

一方、MS開発では後塵を拝していたツィマット社は、ジオニック社の地上の主力機であるMS-06J ザクIIからシェアを奪うためにMS-09〈ドム〉の開発を成功させた。またジオン独立戦争の長期化を想定して現用兵器のアップデートの一つに酸化防護被膜のほかにステルス・コーティングや耐ビームコーティングが研究されていた。これらの研究の一つにコールド・コーティングがあった。

18mもの巨体の人型機動兵器が、ミノフスキー粒子散布下でない戦場では熱源探知の的になり、国力に劣るジオン公国軍にとってジャイアントキリングは戦線維持の死活問題に繋がっていたのだ。このコールド・コーティングの酸化防護被膜の色は、処理後の超硬スチール合金は酸化皮膜層によって蒼色に発色（いわゆるブルーイングと呼ばれる加工処理の結果に近いがもっと強い）したため、専用のトリートメント薬剤によって発色を押さえる（防錆効果そのものに変化はないとされる）ことを追加し、結果としてある程度は酸化防止処置後の発色をコントロールすることが可能になった。色数こそごく少数に限定されるが、迷彩塗色として要求されるカラーレンジの３割程度はカバーできるまでになっていたという。とはいうものの万全を期す目的から酸化防止処理後の装甲表面に、さらに酸化防止塗料を塗布することが推奨されていたらしい。この蒼色は、クルスト・モーゼス博士の要望と合致していたらしく、試作品でありながらEXAMシステムの弱点であった排熱問題を解決させるために〈イフリート改〉へ採用されることとなったとも言われている。

なお、クルスト・モーゼス博士がジオン公国から亡命する以前に行なわれていたEXAM計画初期は、ニュータイプ対応のYMS-06Z〈サイコミュシステム初期試験型ザク〉を白い機体のまま運用、実験が行われていた。しかし、MSパイロットとして搭乗していたマリオン・ウェルチという軍属の少女が事故により意識を失った事件で、ニュータイプ体験を関係者に垣間見せ、蒼い宇宙の幻視を見せたことでクルスト博士は蒼にこだわるようになったといわれる。

奇しくも、連邦、ジオン共にまったく異なる目的で互いに無関係な経緯を経て蒼いモビルスーツが誕生した。それが相まみえることさえなければ、後世に語り継がれるような伝説が生まれるようなこともなかったのであろう。そして連邦軍の蒼いモビルスーツは、RX-79BDの通称として今日まで知られる「ブルーディスティニー」という名さえ生み出すことになったのだった。

HEAD

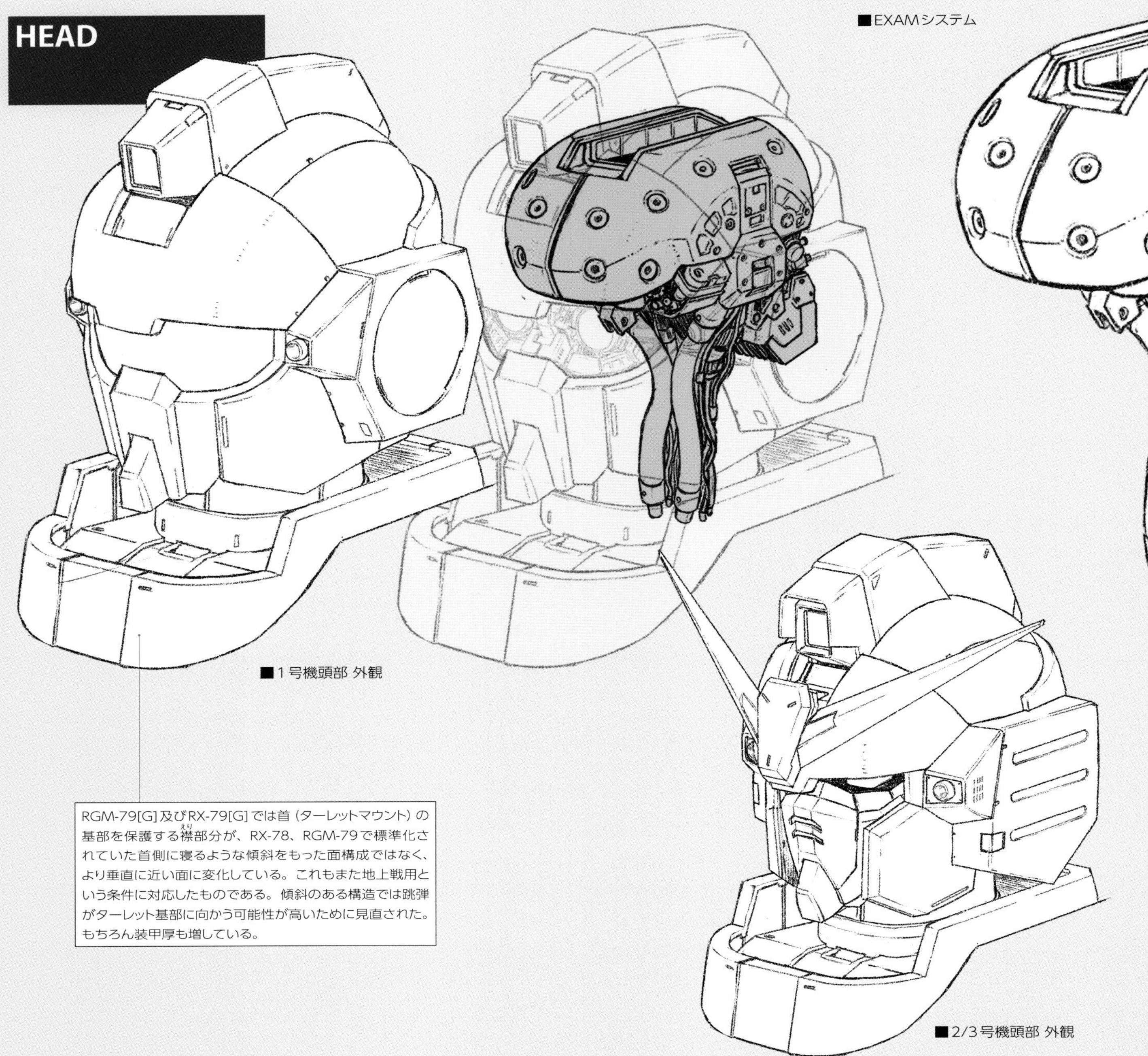

■1号機頭部 外観

RGM-79[G]及びRX-79[G]では首（ターレットマウント）の基部を保護する襟部分が、RX-78、RGM-79で標準化されていた首側に寝るような傾斜をもった面構成ではなく、より垂直に近い面に変化している。これもまた地上戦用という条件に対応したものである。傾斜のある構造では跳弾がターレット基部に向かう可能性が高いために見直された。もちろん装甲厚も増している。

■2/3号機頭部 外観

【頭部筐体】

連邦軍MSへのEXAMシステム適合調整にはまずRGM-79[G]〈陸戦型ジム〉の機体が使用された。これが後にRGM-79BD-0と呼ばれるものである。搭載するEXAMシステムが機体に及ぼす影響をモニターしデータ収集する必要性があったことを理由に、ベースとなるMSは配備部隊に納入するため稼働試験を終えて駆動調整の整ったアッセンブル済み機体から抽出したものを調達する認可を得たという。

頭部筐体の基本はRGM-79[G]のものを、そのまま使用した。RGM-79[G]には、RX-78やRGM-79で頭部ドーム（人間の前頭骨に相当する部分）内に搭載設置が標準化された通称“バルカン砲（60mm回転多砲身式機関砲）”がない。頭部筐体内で大きな容積を占めていた器材を廃した結果、内部スペースにかなりの余裕が生じている。

ブラックボックス化されたEXAMシステムのモジュールは、連邦軍器材に適用されているコンピューター言語への変換システム機材ともどもパッケージ化され、前頭部分のドーム内に収納された。前頭ドームのフェアリングはベースとなったRGM-79[G]のそれとは異なり、メイン・カメラのフェアリング基部に段差を設けない形状に改め、筐体の基本材料である高強度チタニウム外殻に換えて増厚したワンピース・

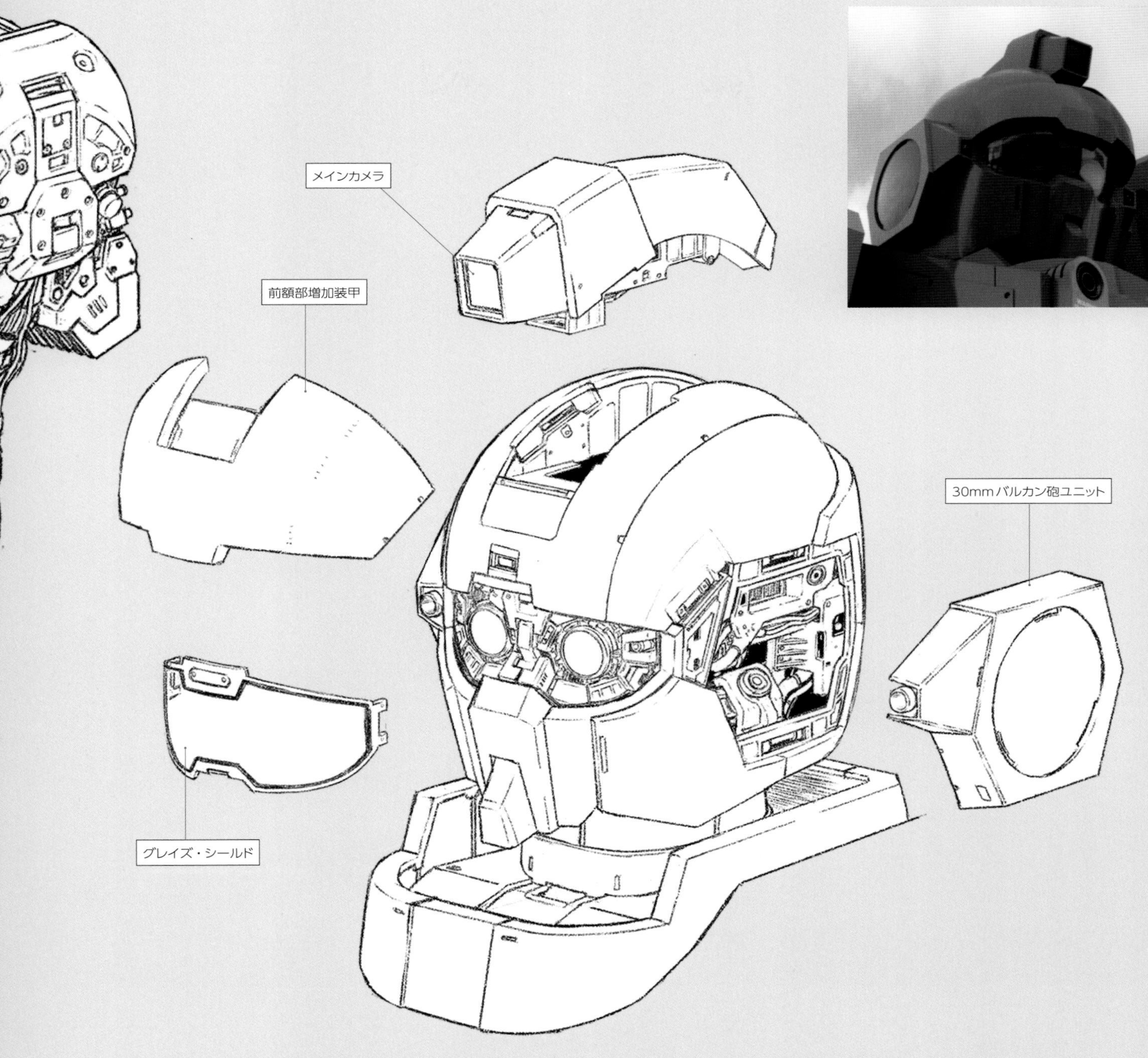

タイプのルナ・チタニウム合金装甲に交換されている。背後にあるEXAM搭載区画保護のための変更である。この装甲表面には感応波検知のための"シート状アンテナ"がコンフォーマル・タイプで配列されていたらしい。本格的な運用試験機体となったRX-79BD-1には、0号機の頭部がそのまま移植搭載されている。

陸戦用の機体は、搭載コンピューターと周辺器材の冷却を液浸式に変更し、冷却触媒凝縮には外気を取り込んでの空冷式熱交換装置が用いられた。これは宇宙運用を前提とした冷却触媒循環式の蓄放熱システムよりも構造がシンプルかつコンパクトなために採用されたものである。したがって、地上運用専用として製造された機体を宇宙で運用するためには、冷却系を根本的に換装する必要があった。

RX-79BD-2及びBD-3では、RX-79[G]用の頭部筐体(きょうたい)がベースとなった。このため、RGM-79[G]ベースの機体との外観上の変化は大きい。また、搭載コンピューターの冷却はRGM-79BD-0、RX-79BD-1で導入していた液浸式から標準的な冷却触媒循環式に戻されている。これは、あらかじめ宇宙空間における試験運用を予定していたことによるとされる。

HEAD WEPONS

【頭部兵装】

量産仕様のRGM-79においては、頭部左右側面の円盤状構造は機関砲の弾倉及び冷却・熱交換装置などの関連機材モジュールを保護するフェアリングだが、RGM-79[G]では機関砲未搭載を前提に設計されていたことから、空いたスペースを別の目的に用いた。ここに、従来型のマイクロ波を利用したレーダー及び通信アンテナを収納したのである。これはジオン公国軍が散布したミノフスキー粒子の濃度が大気の流れや電離層の状況によって刻々変化し、従来型の通信・探知手段が有効になる場合もあることによる。特に作戦展開地域では側方に存在する僚機や友軍との連絡、側方監視には心強いとして大部分のRGM-79[G]が搭載運用したといわれる。

この部分をレドームとして利用する場合、当然ながら頭部機関砲は搭載できないことになるが、運用現場からは固定武装の装備を要望する声が高かったといわれ、急遽(きゅうきょ)外装式のユニットを用意することになった。外装式兵装には連邦軍MSの標準固定武装となる"60mmバルカン砲"の搭載は難しいため、航空機搭載用の単

■1号機 頭部バルカン（前方）

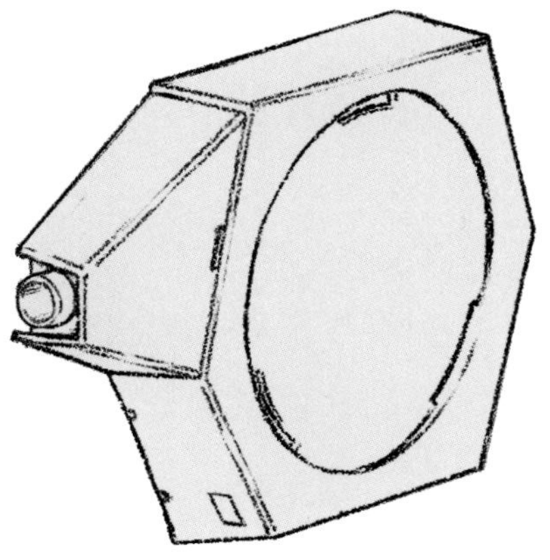

■1号機 頭部バルカン（後方）

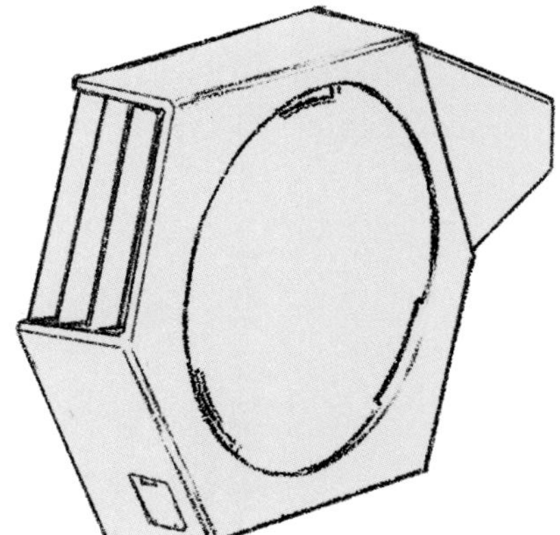

■2/3号機 頭部バルカン（前方）

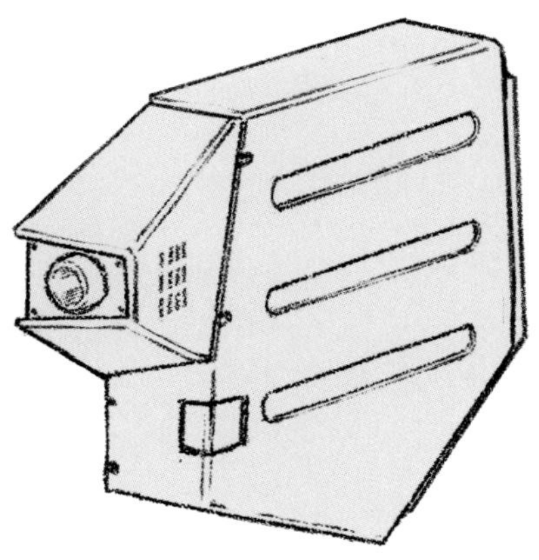

■2/3号機 頭部バルカン（後方）

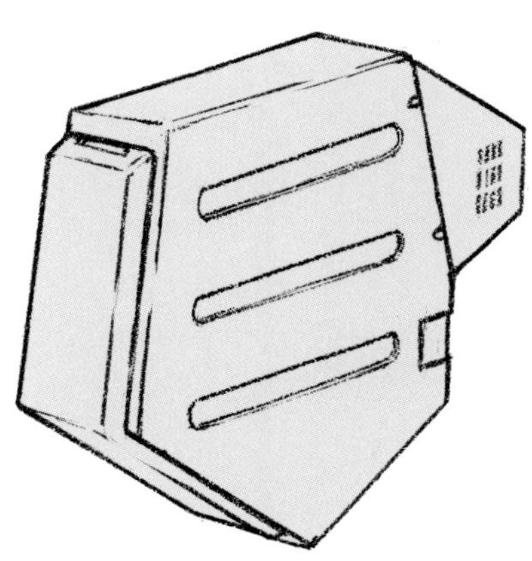

弾倉や回転式砲身の容量を外装式兵装に収めることは難しく、RX-79BDの頭部フェアリングに外付けされたユニットには、航空機搭載用の単砲身式30mmリボルビング・カノン砲をベースとしたモジュールを搭載した。
ガンダム・タイプの筐体に変更されたRX-79BD-2及びBD-3は、側後面スポンソンがもともと存在していたため、この取り付けフレームに新造した武装用フェアリングを取り付け、固定武装をデフォルトで設置、内蔵している。

砲身式30mmリボルビング・カノン砲をベースとしたモジュールをオプション装備として製造した。レドームの円盤部に嵌め合わせるようにオーバーラップ可能な本体と、頭部後方を取り巻く形に成型されたフェアリング内に弾薬を収納している。標準装備の60mmに比して威力こそ小さいものの、地上部隊の主要な運用目的は対MSではなく、通常兵器や歩兵、拠点制圧に用いることであり、対空兵装としてもこの口径のほうが現実的であると判断されている。ただ、携行弾数はやはり充分とはいえなかった。この外装機関砲はミッションによってRX-79BD-1でも装備したケースがある。

　ガンダム・タイプの筐体に変更されたRX-79BD-2及びBD-3は、側後面スポンソンがもともと存在していたため、この取り付けフレームに新造した武装用フェアリングを取り付け、固定武装をデフォルトで設置、内蔵している。機関砲そのものはRGM-79[G]やRX-79BD-1に用いられた単砲身式30mmリボルビング・カノン砲で、このユニットをそのままスポンソン内に艤装していた。

SENSORS

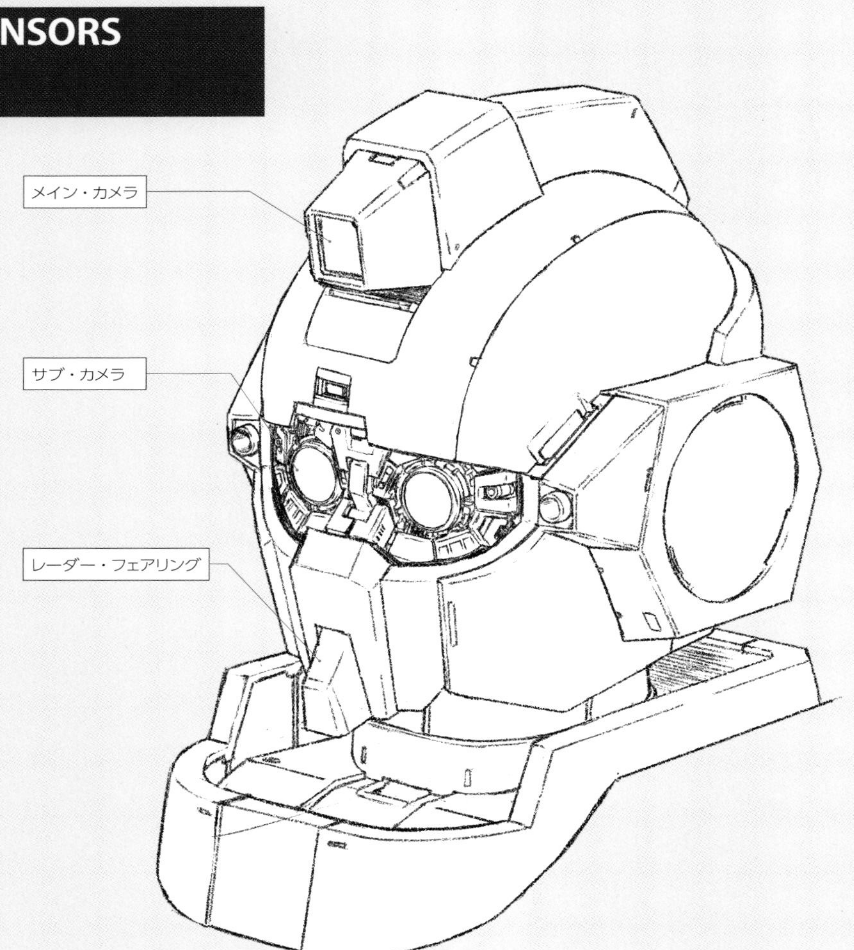

■通常時

■EXAM発動時

【視覚情報感受ユニット】

頭頂部フェアリング内には前後にメイン・カメラが設置される。これはRX-78及びRGM-79に搭載される予定の機材を使用し、光学素子を使用した受光体で画像情報を捉え必要に応じて増感、減感される。前後カメラの前方には保護用透明シールドとしてアドバンスド・ポリイミド系材料の多層構造物が嵌め込まれていた。最外層には光学的にセンサーを守るため、エレクトロクロミック材を用いた保護層が形成されている。内蔵搭載機材に負荷のかかる過度の強電磁波を選択的に反射、フィルターとしての機能を果たしているが、モビルスーツ起動時に発光するように見えるのは、グレイズ・シールドが機能リセットに伴い残留エネルギーを放出することに起因する。ただし通常のエネルギー放出では可視光成分は緑色近辺の波長に偏っているが、EXAMが作動した場合、赤方に偏位した可視光エネルギー放出が常時行われることが確認されている。意図的な赤色発光は視覚情報感受、可視光通信の妨げにも繋がるため考えられないし、わざわざ相手に特殊な機能が発動したことを知らせるような状況は、兵器運用としては外連が過ぎており、これもまたありえない。おそらくは過剰なエネルギーが機体から放出された結果のひとつであろうと推測されるが、機体全体の赤外線画像などが公開されているわけでもなく、この現象に関する理由についての明確な理論解明も行われていない。

集約的な各種センサー及び送受信装置は、RX-79BD-1の場合、ジム・スタイルの視界が広いワンピース・タイプのグレイズ・シールドで覆われ、RX-79BD-2及びBD-3はガンダム・タイプの双眼式シールドであるが、その背後に納められる各種器材は、それぞれRGM-79〈ジム〉やRX-78-2〈ガンダム〉に搭載されたものと大きな違いはない。ただ、EXAMシステムのモジュールと冷却に関連する機器収納のため、内部レイアウトは若干の変更が加えられた。容積的には余裕があるとはいえないまでも、搭載には工夫次第で充分なスペースが確保できたようである。

RX-79BDシリーズでは頬当て状のフェアリング内に、多目的アンテナを内蔵していた。ミノフスキー粒子の影響が小さい環境では、従来から使用されているレーダー波、通信用マイクロ波、遠赤外など広い範囲での波長をカバーする送受信装置が依然有効であることはわかっており、これはRX-78-2も同様である。RGM-79では筐体構造の簡略化を

NECK

【頸部】

頭部は基本的に視覚情報感受ユニットを納めたターレットであるが、これを的確な方向に振り向けることが常に必要となる。頸部（首）は頭部と胴体部との単なる接合部（戦車でいうターレットリング）ではなく、胴体／頭部の相対的位置関係を適切にモニターしながらコックピットからの要求に応じて素早く駆動するメカニズムを内蔵していなければならない。基本的な構造は６本のリニア・アクチュエーターを主動力とするパラレルメカニズムで、上部の可動テーブルマウントには２軸のリニア・アクチュエーターで回転するターンテーブル（ターレットリング）が設置される。すべて直線運動の組み合わせによるもので、構造は可能な限りシンプルになるよう考慮されていた。

頸部外装と頭部筐体底部には駆動クリアランスがあるが、地上運用機体はこの間隙から外気を吸入し放熱の一助としていた。

図るため、初期の生産タイプでは頬当て状フェアリングはなく、かわりにパネル状の多目的アンテナが設置されている。

量産仕様の〈ジム〉では“口”に相当する位置にある突出したフェアリング背後に、各センサーからの情報を一次処理するためのコンピューターを搭載している。大容量の記憶媒体も併設されブラックボックス化されているこの器材は、RGM-79[G]の場合には冷却の便宜もあって搭載位置が変更され、替わりにRX-78シリーズと同様な“アゴ”様フェアリングが設置された。この内部にもレーダー器材を内蔵することが可能である。

額部の、いわゆる“ガンダム”の記号としても重要なV字形のブレードアンテナは、RX-79[G]ではRX-78シリーズ同様、内部に各種波長の電磁波を送受信するアンテナ素子が内蔵されているが、どうやらRX-79BD-2及びBD-3ではそうではないようである。RX-79BD-1では、前頭ドームにコンフォーマル・アンテナとして設置されていた感応波ディテクターをV字アンテナ・フェアリング内に集約していたようである。

RX-79BDでは、EXAMシステムの起動時に顔前面のグレイズ・シールド（人間でいえば目に当たる部分）が赤く発光する。これは合理的な理由が見当たらないが、発動状況を周囲（テストチームや観測者）に明示する役割があったのではないかとの説がある。EXAMは自動で発動するシステムであるため、専用のモニター装置がなくても友軍や僚機にそれと分からせることは必要で、特にEXAM開発中は想定外の事象が発生する可能性もあり、“警告灯”としての機能は想像するよりも重要であったはずである。

BODY

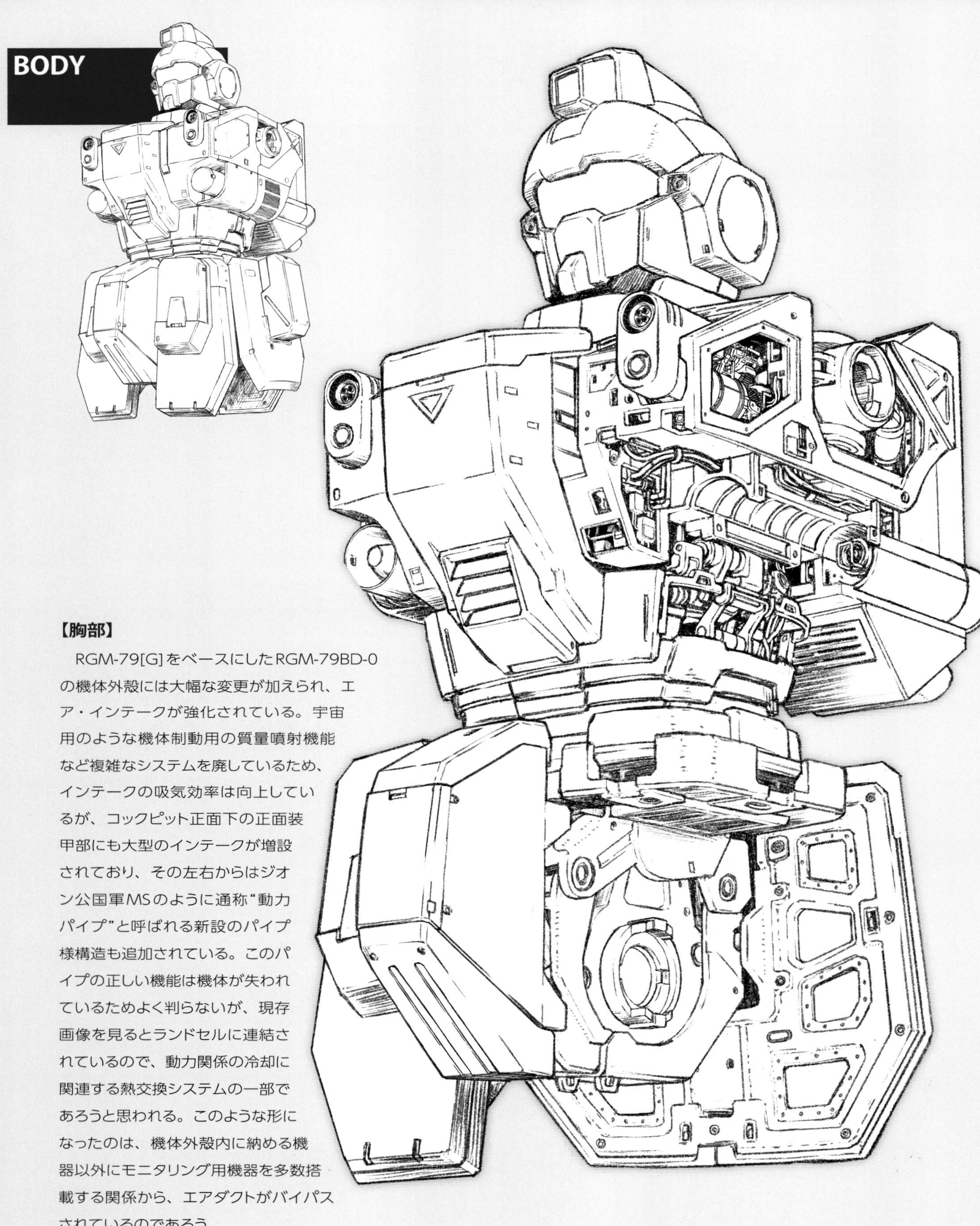

【胸部】

RGM-79[G]をベースにしたRGM-79BD-0の機体外殻には大幅な変更が加えられ、エア・インテークが強化されている。宇宙用のような機体制動用の質量噴射機能など複雑なシステムを廃しているため、インテークの吸気効率は向上しているが、コックピット正面下の正面装甲部にも大型のインテークが増設されており、その左右からはジオン公国軍MSのように通称"動力パイプ"と呼ばれる新設のパイプ様構造も追加されている。このパイプの正しい機能は機体が失われているためよく判らないが、現存画像を見るとランドセルに連結されているので、動力関係の冷却に関連する熱交換システムの一部であろうと思われる。このような形になったのは、機体外殻内に納める機器以外にモニタリング用機器を多数搭載する関係から、エアダクトがバイパスされているのであろう。

CHEST

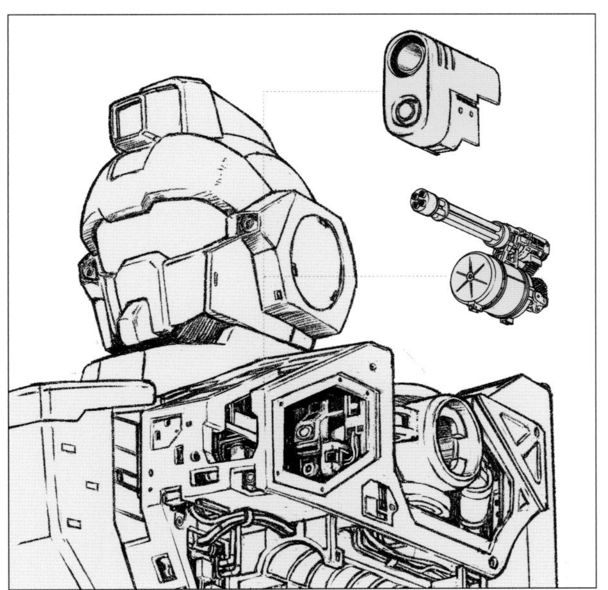

■胸部60mmバルカン砲

RX-79BD-1はRX-79[G]がベースであるが、胸部左右装甲の構造は大幅に変更された。装甲そのものはRGM-79[G]及びRX-79[G]が地上高から発射される火砲の攻撃を考慮して正面斜め下方を重点的に強化されているが、RX-79BD系もこの流れに沿い胴可動部を含めて装甲肥厚化が図られている。

RX-79[G]の右胸部に集約されたエア・インテークは廃され、中央胸部下部に移設、開口面積は減じられているが、吸気機能の向上は図られている。また左胸部に設けられたウェポン・ベイも廃され、左右対称形の胸部装甲に変更され、左右共にモジュール化された兵器パックを搭載可能なように改修されている。この兵器パックには、RX-78-2で頭部に搭載されている“60mmバルカン砲”（これはRX-79[G]でも左胸に搭載されていた）がレーザー照準装置とともに内蔵され、弾倉はその周辺に置かれている。このパックは若干の上下動が可能で射線を変更することができた。

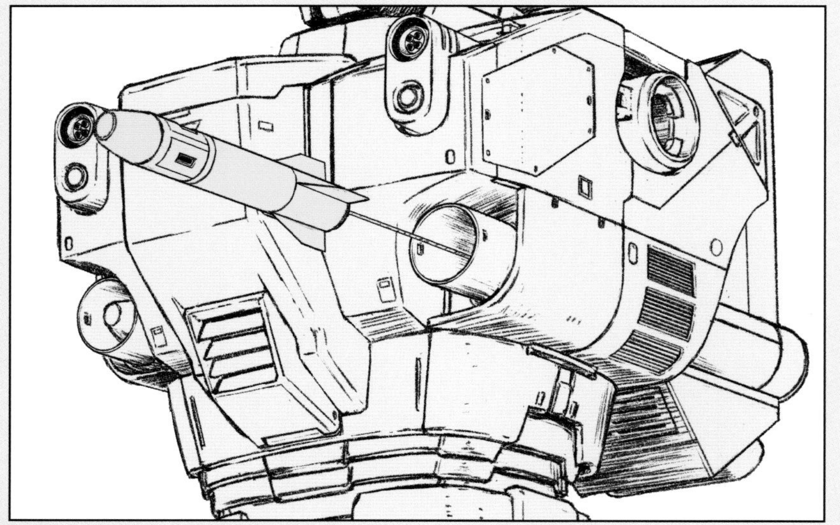

■有線誘導式ミサイル

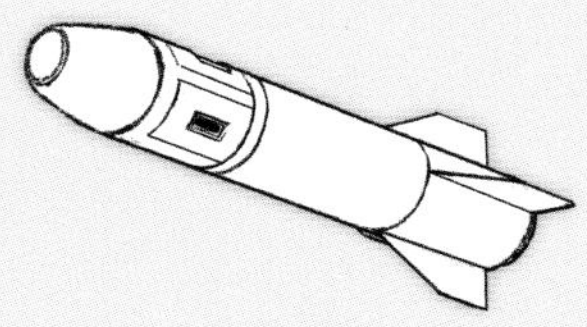

■胸部ミサイルコンテナ
RX-79BDの胸部両側、脇部分にはRX-79[G]が搭載していたマルチランチャーに代わり、ミサイルコンテナが設置された。対MS戦闘用として最終的に有線誘導式ミサイルが標準装備となったが、一応の汎用性は持たされており、ランドセルのスラスターへ送る増加プロペラントタンク、または誘導装置を省略し、炸薬を増量した大型ミサイルなども搭載できた。

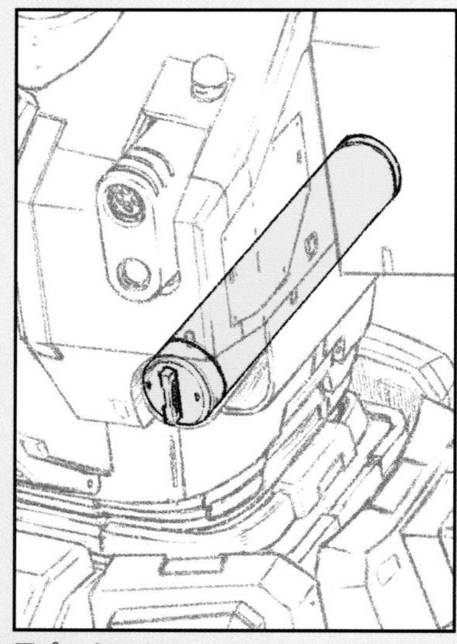

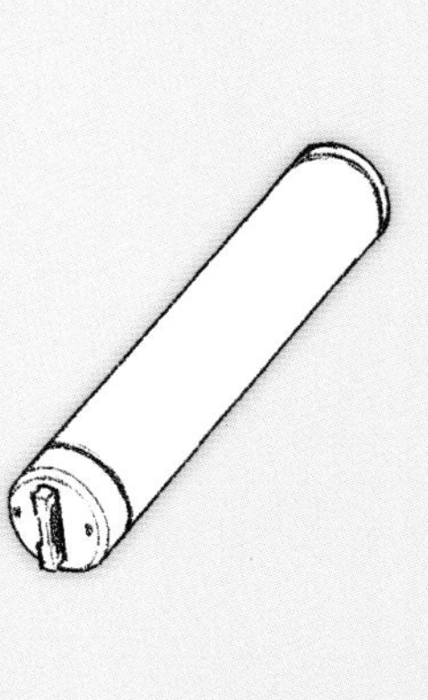

■プロペラントタンク

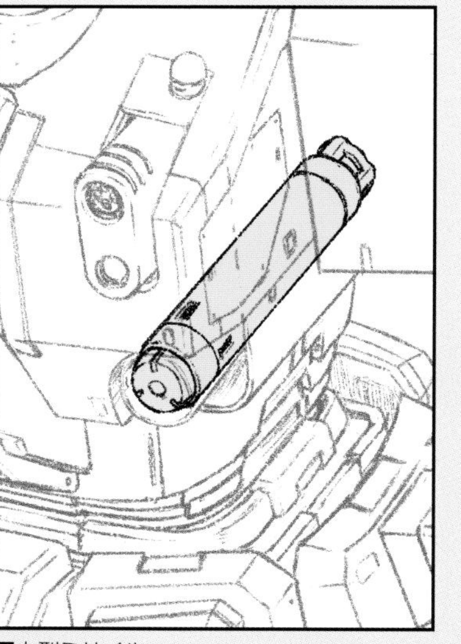

■大型ミサイル

脇にあたる部分には、左右にミサイルコンテナを懸吊(けんちょう)している。これはRX-79[G]の左胸下方に搭載されたマルチランチャーに代わるものだが、運用方法の違いを如実に物語る装備である。RX-79[G]がMS以外の不特定の敵兵や車両に有効な兵装としてマルチランチャーを選択していたのに対し、RX-79BDでは明確に対MS戦闘に特化した兵器としてこれを搭載・装備したようである。コンテナ内にはミノフスキー粒子散布環境下で確実なコントロールを行うため有線誘導ミサイル1発が収納され、射程5kmの誘導用光ファイバー・ケーブルが内蔵されていた。ミサイルの直径は200mm、先端には赤外線/可視光カメラを搭載する。ミサイルからの映像をコックピット内でモニターしながら目標を照準/誘導するため左右同時発射は原則として行わない(操縦できないため)。両弾発射が必要な場合にはデュアルモードに切り換えると、0.5秒の時間差で射出される。先行するミサイルを照準誘導すれば後発ミサイルは追随して飛翔する。このミサイルはコンテナごとユニット交換するので、発射後の自動再装塡(そうてん)などはできない。

BD-2、BD-3では宇宙における高機動戦闘も考慮して有線誘導ミサイルと同規格のパッケージ内に収納された小型のミサイル(光学的なロックオンと追尾が可能なセンサーを搭載)を搭載したミサイル・パックに変更された。もともとRX-79[G]に適用されているマルチランチャーの改訂版といった器材である。これらの内蔵弾種にはフェイク・ブラスト弾頭も含まれ、通常ミサイルの目標追撃コースをトレースしながら機動中に弾頭を爆発させ、質量弾(鋼製ボール)をショットガンのように炸裂展開する特殊弾で、運用によってこれを織り交ぜることがままあったとされる。

RX-79BDが地上での運用に限定した機体として作られながら、BD-1によるデータ収集がある程度行えた時点で、宇宙空間にまでテスト・フィールドを拡張しEXAMシステムの可動状況を検証することが確定し、BD-2及びBD-3用機体は重力下のみならず宇宙空間対応仕様への変更を求められた。これはかなり無茶な要求で、地上戦対応のために再設計したRX-79[G]を今一度、RX-78-2の仕様に戻すということであり、現場は相当混乱したようである。

胸胴体部装甲外殻／筐体(きょうたい)はRX-79BD用として改修済みのものを用いることが前提だが、実質的に中身の大部分を再構築することになる。BD-1の運動特性データ解析により"リミッター解除状態"の機体への過負荷は想定値以上に大きいことが判っていたため、その対策も含めての改修、というよりも新造が必要であったという。特に機体内蔵機器の冷却に関しては、RX-78標準に戻さなければならなくなった。

この段階で、定説となっているRX-78用の余剰パーツ流用が実際に行われることになった。純正のRX-78用モジュールやユニットとして規格外判定を受けた駆動系機器を選別し"オーバースペック"であるがゆえに撥(は)ねられた器材を中心に集められたという。また地上戦専用機体では不要となった機体各所に設置するアクセラレーター、サステイナーやスラスター用モーターと燃料、機体制動質量噴出機構、触媒循環式冷却システムなどを再搭載するために、装甲外殻を最低限の改修で済む方法が様々に検討されている。

コックピットについては上部エントリー方式はそのままにしたため、前述したようにこれに対する気密機構の増設が課題となった。RGM-79モジュールに戻すプランもあったがこれも先述のように考慮の対象外とされ、結局はRX-79BD独自の構造を導入することとなる。したがって、宇宙に上がってからの補修についてはRGM-79機器の流用は一切行えず、機体運用はあらかじめ準備したパーツが底をついた場合には、新規に製造しなければならない状況となった。強奪されたBD-2がどのようにメンテナンスが行われていたのか判らないが、ルナ・チタニウム合金の製造・加工法を持たない現場の整備要員は大変な苦労を強いられたことであろう。それよりももともとジオンが開発を推していたEXAMというシステムはともかく、機体そのものが連邦軍主力MSの機密を詰め込んだ集大成的なものであり、これをニムバス・シュターゼンがどのように扱ったのか知りたいところである。

RX-78シリーズに標準装備される胸部左右のインテーク兼用の制動スラスターは未搭載のままである。どのようにして推進力への制動をかけるつもりだったのか既出の情報からでは読み解くことができない。

COCKPIT

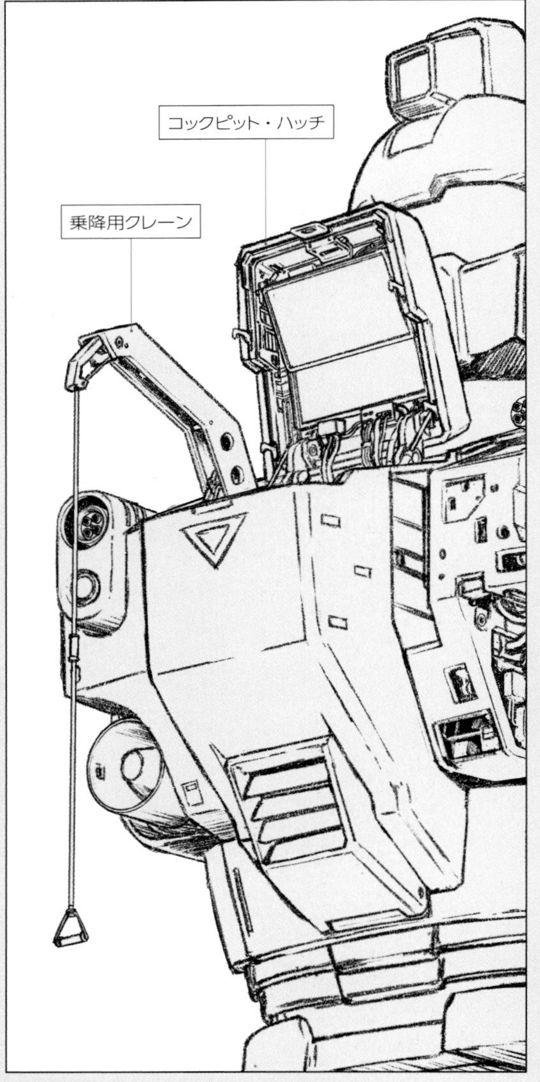

コックピットハッチは胸部装甲の上面にあり、基地ハンガー以外におけるパイロットの機体への乗降は、通常は機体内に収納されているクレーンによって行う。

【コックピット・モジュール】

コックピット周辺については完全な新規設計によるもので、エントリー・ハッチ・ドアのレイアウトを完全に変更している。コックピット正面からの搭乗ではなく上部からのアクセスに変えた理由は判然としないが、おそらくは地上高、人の高さから発射される火砲の攻撃に晒(さら)される可能性を懸念した地上戦ならではの変更点であろう。また気密室化するために必要なメカニズムを排除し、もっとも単純なメカニズムでエントリー・ハッチを設けることを考慮した結果によるとも考えられる。コックピットの構造から、連邦軍はNBC兵器による戦闘を前提としてはいなかったことが覗(うかが)える。

RGM-79では緊急時に宇宙空間での離脱を前提とし、上下半身を強制的に分離した際にはコックピット・モジュールが緊急時脱出装置と生命維持ポッドとして機能する設計になっていた。コックピット用ポッド本体筐部は厚い装甲板と放射線シールド材で包まれ、後部（背面）には推進用のスラスターが置かれていたが、地上戦専用MSではこれらがすべて見直され宇宙空間運用で必須の生命維持装置も廃されている。地上運用において上半身の強制分離は物理的に困難なこともあり、またコックピット・モジュールを航空機の緊急脱出用カプセルのように分離射出するにも無理があって、RGM-79[G]及びRX-79[G]ではRGM-79方式の緊急脱出機構は完全にオミットされた。

パイロットの緊急脱出については、上方にハッチがあってもレイアウト上、戦闘機などで使用される射出シートのような直上への射ち出しができず、いわゆるゼロゼロ射出は不可能で、代替方法が様々に模索された。その結果、中層階ビルから緊急避難するための脱出器具にヒントを得て製作された緊急脱出シートが装備されることになった。機体が直立に近い状態であれば正面装甲グループを操縦器材もろとも爆発ボルトで前方に強制投棄後、シートを前方向にスライド射出、背もたれから下方に落下するような緊急脱出装置が導入されている。射出と同時に背もたれにエアクッションが広がり、次いでパイロットの全身を包み込むようにエアバッグが展開する。有効性がどうこうとは別に、そういう機構があることに意味が見出されていたし、それ相応の役目は果たしていたようである。シートの座面内部には軍で規格化されている通常のサバイバル・キット（糧食と水、救急箱、拳銃とナイフなど）が収納搭載されていた。

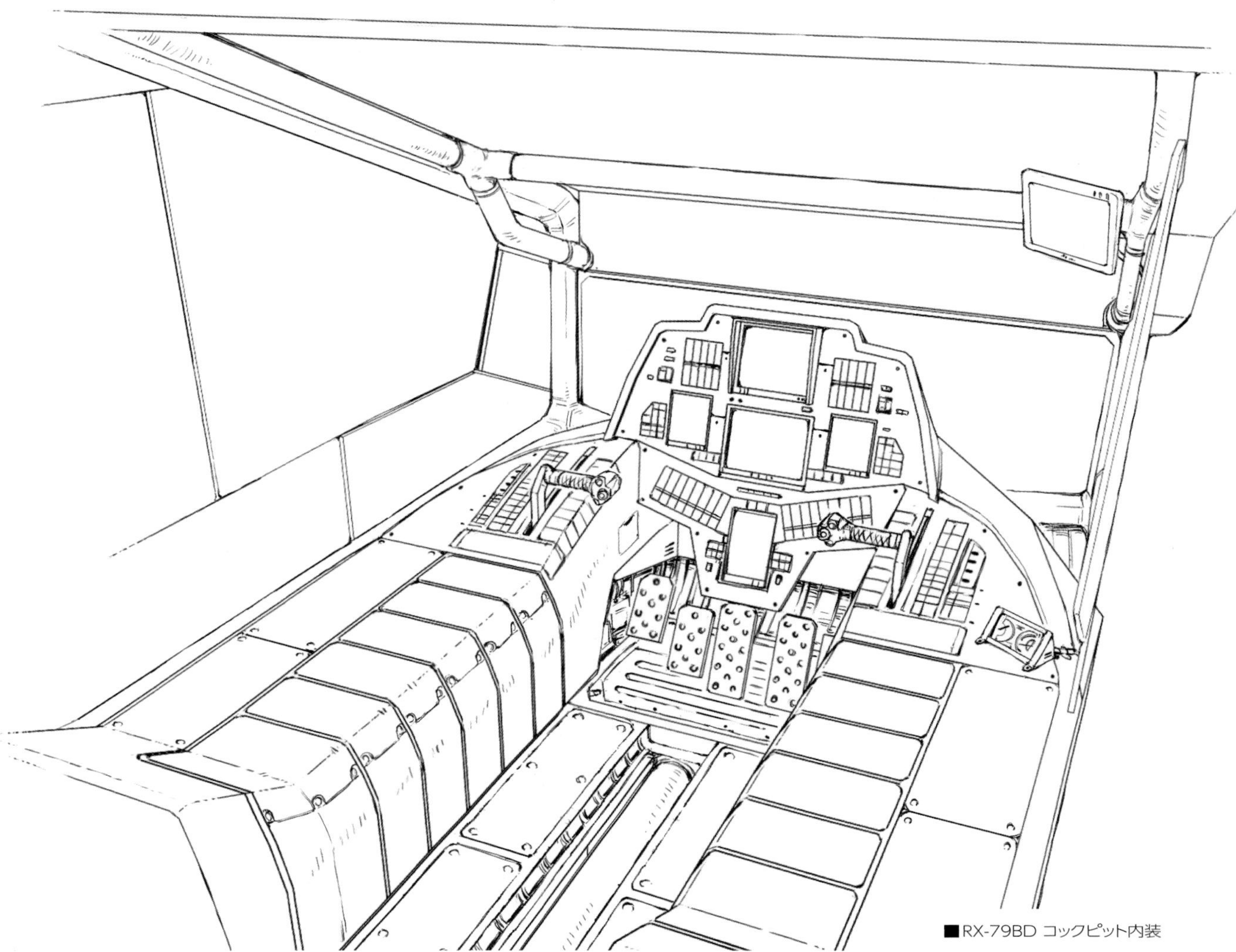

■RX-79BD コックピット内装

RGM-79BD-0の場合、機体はRGM-79[G]をベースにしているため、必然的に内蔵される機器、器材も同機種のそれであった。EXAMシステムと連邦器材との親和性、システム発動を想定したリミッター解除メカニズムによる機体への影響、各駆動系への過負荷計測、軀体ダメージ測定などが行えるように多数のセンサーを搭載したが、コックピットにはそれに対応したモニタリング器材を増設したため大幅に改修され、電子器材の密林とでもいうような混沌とした状態であったようだ。このため上方に設置されているエントリー・ハッチ・ドアは撤去した状態で試験運用されることも多かったという。

RX-79BD-1は、BD-0と同様のコックピット・レイアウトが踏襲されたが、モニタリング器材は整理され多少なりとも整然とした印象になったが、搭載される器材は依然コックピット容積に対して過多なため、居住性が良いとはいえなかった。また、前方放出式緊急脱出装置も導入されていたため、これに関連する機器によってコックピット容積はさらに圧迫されていたようである。

RX-79BD-2とBD-3は、EXAMシステム対応改修中に、運用試験フィールドを宇宙にまで拡大することが決定された。この時点でRGM-79と同様な形式のコックピット・モジュールを再導入することも検討されたが、胴体部の筐体（きょうたい）を完全に新造する必要があるという理由から見送られ、コックピットの気密性向上と宇宙線保護シールドの内張を追加するなど、航宙機のコックピット規格を満たすようには改修されているが、緊急脱出機構は未装備である。このためパイロットはノーマルスーツと緊急脱出用バルーンによる緊急時対応が求められていた。

なおRX-79BD-2とBD-3に搭載されたメイン・コンピューターは、RX-78用教育型コンピューターの供与が得られなかったため、RX-79BD-1ではRX-79[G]用のものをEXAM対応仕様にカスタムしたものを、BD-2とBD-3ではこれをデュアルで搭載した特殊仕様とし、宇宙空間での運動制御に対応している。一説では教育型のプログラムを独自にインストールして対応強化が図られているともいわれる。

WAIST

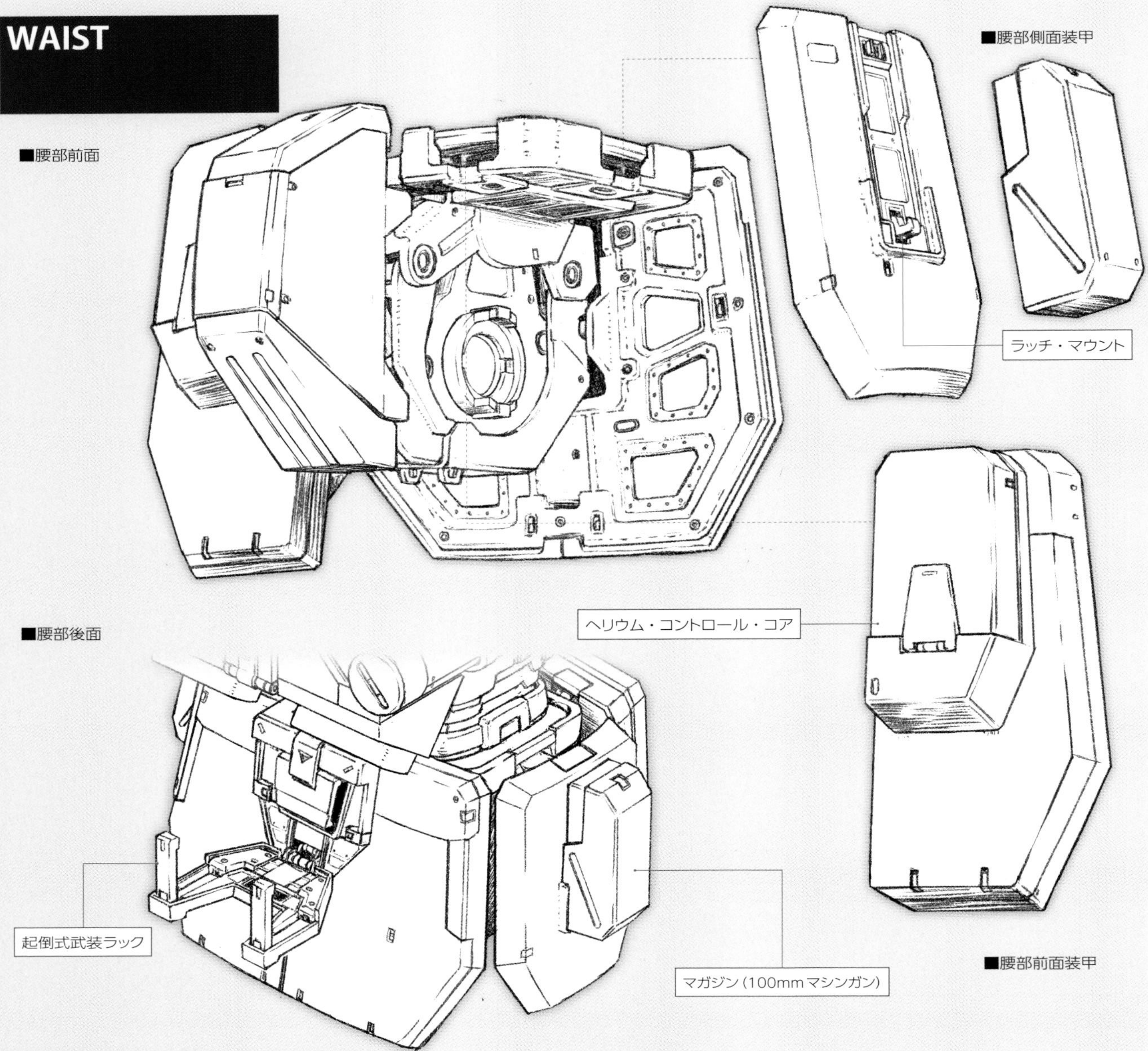

【腰部】

地上戦専用の仕様とした場合、RX-78のように分離再結合を考慮する必要がなく、またコロニー内運用機のように無重量から重力下へと無段階に移動するような状況も想定する必要がないため、複雑な環境適応制御プログラムのインストールは必要ない。このため機体制御プログラムの単純化が可能になると目された。とはいえ、もともと腰部分は上半身からの荷重を受けながら移動装置となる下肢を支持し、前後左右方向への上半身の重心移動を統合制御し続けなければならず、環境変化に対応する機体制御プログラムの単純化が可能であったとしても、1G下でのバランス制御は必須であるため、結局、制御プログラムの大幅な単純化は実現していない。

また常時重力下にあるため物理的疲労はむしろ高くなる傾向にあることから、分離再結合を廃したといっても汎用量産MSであるRGM-79よりも構造を単純化することも叶(かな)わず、軀体/筐体(きょうたい)構造はきわめて骨太なうえ内部には平衡(へいこう)/水平/疲労/負荷、上半身と下肢の相対的位置を検出するセンサー、ジャッキ、バランサーなどを詰め込むという基本構成を崩すことはできず、重力環境下では直立していても荷重がかかり続けることになるため、むしろ構造の強化ができればそれにこしたことはない状況であった。

RX-79[G]腰部の基本構造はRX-78やRGM-79の設計と同じで、左右脚の取り付け基部となるシャシーと、上半身を支持し脚部近位端保護用の懸吊(けんちょう)式装甲取り付け基部となるトレイがメインのモジュールである。シャシーにはこれを包み込む装甲外殻が取り付けられ下方視覚情報収集センサーが内蔵されること、シャシーの後部上端には起倒式の武装ラックを装

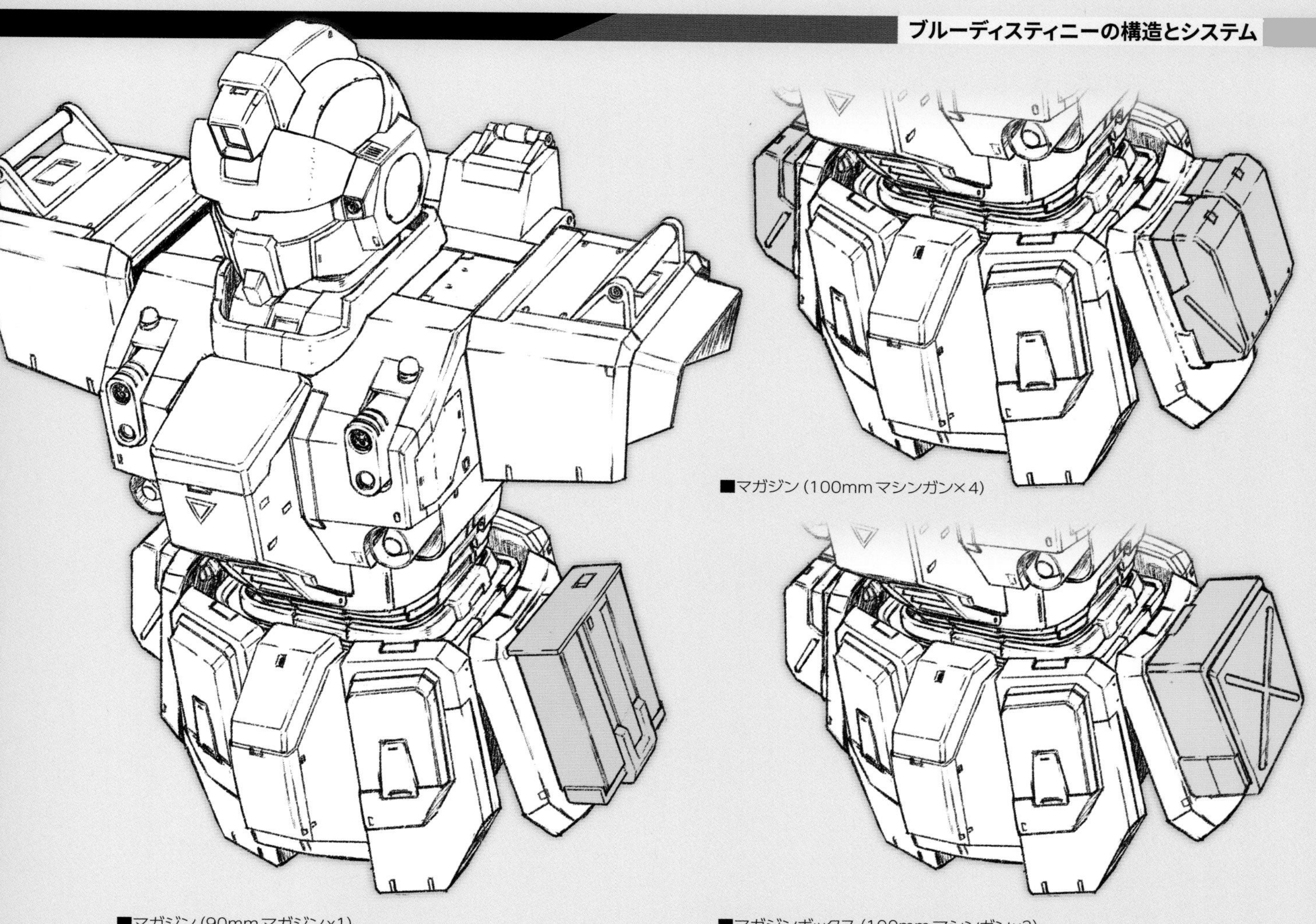

■マガジン（100mmマシンガン×4）

■マガジン（90mmマガジンx1）

■マガジンボックス（100mmマシンガンx2）

備することなども共通している。起倒式武装ラックは機械物理的接合による“マウント・ラッチ”方式で、ラッチに適合するアダプターを持ち、許容寸法・重量内の装備であれば様々な種類のものを搭載することが可能である。

トレイ外周にある懸吊式増加装甲の基本構成は、外殻装甲板と構造強化フレームを貼り合わせたもので、各装甲板懸吊部にはアクチュエーターとストッパー・ダンパーが装備され、下肢の動きに連動して装甲板はスイングし、大腿部との不用意な接触を避ける。これは特に重要な機構で、制御なしに装甲板を懸吊したままにしておくと機体が複雑な機動を行うたびに装甲板がそれぞれの慣性のおもむくままに羽ばたきかねない状態を解消するもので、重力下、宇宙空間とも同様に効果のある機構である。宇宙空間での運用を重視していたモビルスーツは戦闘中にアクチュエーター制御が利かなくなった場合、爆発ボルトによって装甲板を投棄するようになっていた。この投棄機能は地上戦用機種でもそのまま採用されている。また装甲板が大腿部装甲に接触しても大きな損傷を与えないよう、装甲板内側外縁には衝撃吸収用の不燃性エラストマー肥厚膜をコートすることが標準化されていた。

側面の装甲には武装や装備固定用の“マウント・ラッチ”が艤装され、兵器プラットフォームとしての拡張性を担っている。前方左右装甲板に内蔵されるプロペラント・リザーバーは、地上戦用機体では生活用水を入れるタンクとしても用いられることがあったが、RX-79[G]ではヘリウム・コア機材は前面装甲と一体化したコンフォーマル・タイプのフェアリングが再搭載されている。ヘリウム・コントロール・コア並びにヘリウム・コアの機能については公表されていないが、一説には宇宙空間における反応炉の冷却強化を目的とした機材であり、出力を押さえられているRGM-79機体では完全な内蔵式として機材搭載が可能であったが、RX-78系の高出力機体では試験機という性格もあって、フェアリングを設けてでも搭載が必要な機材であったようである。

RX-79BDは上限未知数な機動、駆動を想定した機体であるため、RX-79[G]ではいったん廃した前面装甲に対し“突出したフェアリング”形状へと戻された。これはコンフォーマル・タイプでは機材収納容積が不足したことによるのであろう。RX-78初期機体では側面装甲にも同機材を分散して配置していたが、側面装甲に外装式兵装のアダプター機能を付加した状態を維持する必然性から、このような方式に移行したようである。

RANSEL

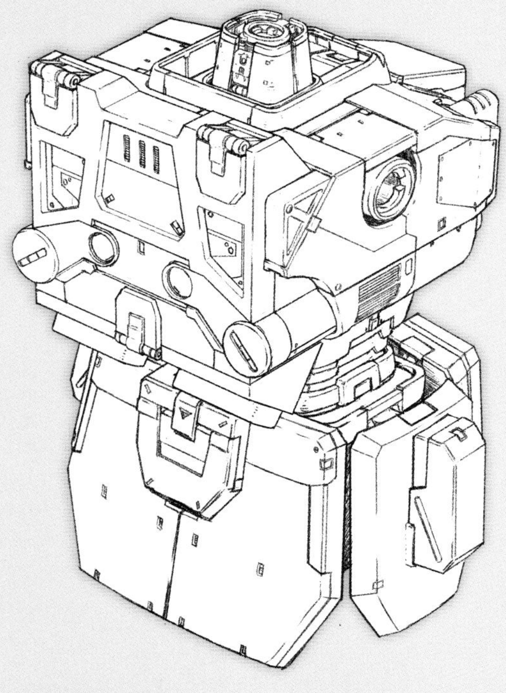

■1号機 背面

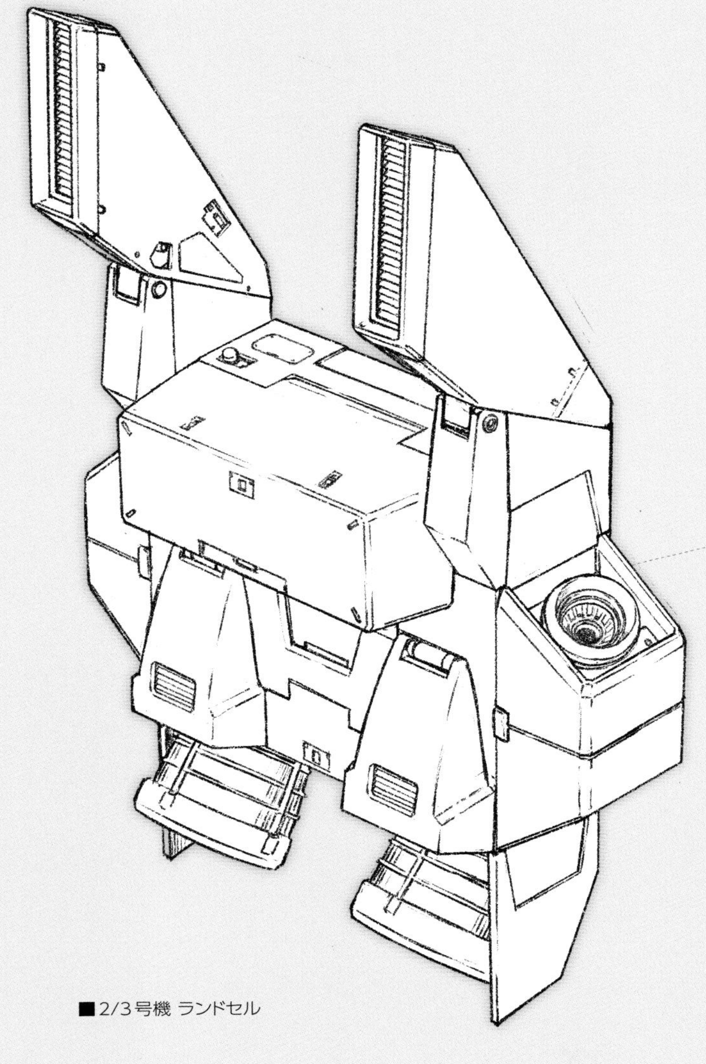

■2/3号機 ランドセル

【ランドセル】

地上戦用MSのRX-79[G]に装備されたランドセルは長距離飛行の推進装置である必要はなく、かつ"モビルスーツ用アリスパックフレーム（ALICE PACK＝All-purpose Lightweight Individual Carrying Equipment Pack）"とでもいうような独自装備を運用することが前提であったため、設計段階から奥行きが浅く平たい函(ハコ)型とすることが決まっている。スラスターを廃すればよさそうなものだが、機体の機動性を確保するためには運用上必要であると判断された噴射式の推進装置は残されている。

陸軍の独自規格装備として開発されたコンテナを搭載・搬送することを目的に、ランドセル筐体(きょうたい)には運搬物を載(の)せるためのシェルフと上部から押さえ込むホルダーアームが標準装備された。これらはアジャスト機構と、未使用時の折り畳み機構を備えている。

RX-79[G]の標準携行火器として運用試験に供されることになった180mmキャノン砲は長射程の大型車載火砲だが、これを搬送の便を考慮して分解組み立て式に改造、コンテナ内に収納してMS自体が輸送するという新たな運用方法に基づいて製造された。モビルスーツのマニュピレーターによる分解、組み立てが可能なように接続部の機構は極力シンプルになるよう工夫が凝らされ、砲機関部は携行時に損傷するような状況に直面する可能性が小さいことを織り込み、可能な限り軽量化を図るような構造に変更された。

コンテナの利用法については様々なオプションが計画されたともいわれ、地上戦闘が激化し戦線が膠着(こうちゃく)した場合、ジオン公国軍に対しゲリラ的な後方攪乱(かくらん)部隊を組織するというオプションも戦術として存在したという。少数機体によるMS独立部隊を多数編成したときに主力となるであろうRGM-79[G]やRGM-79にも、同仕様のランドセルを装備する計画はあり、コンテナには兵装用やMS消耗部品ストッカーのみならず、最低限の整備要員居住セルと生活必需品を納めた「移動兵舎」案まであったという。

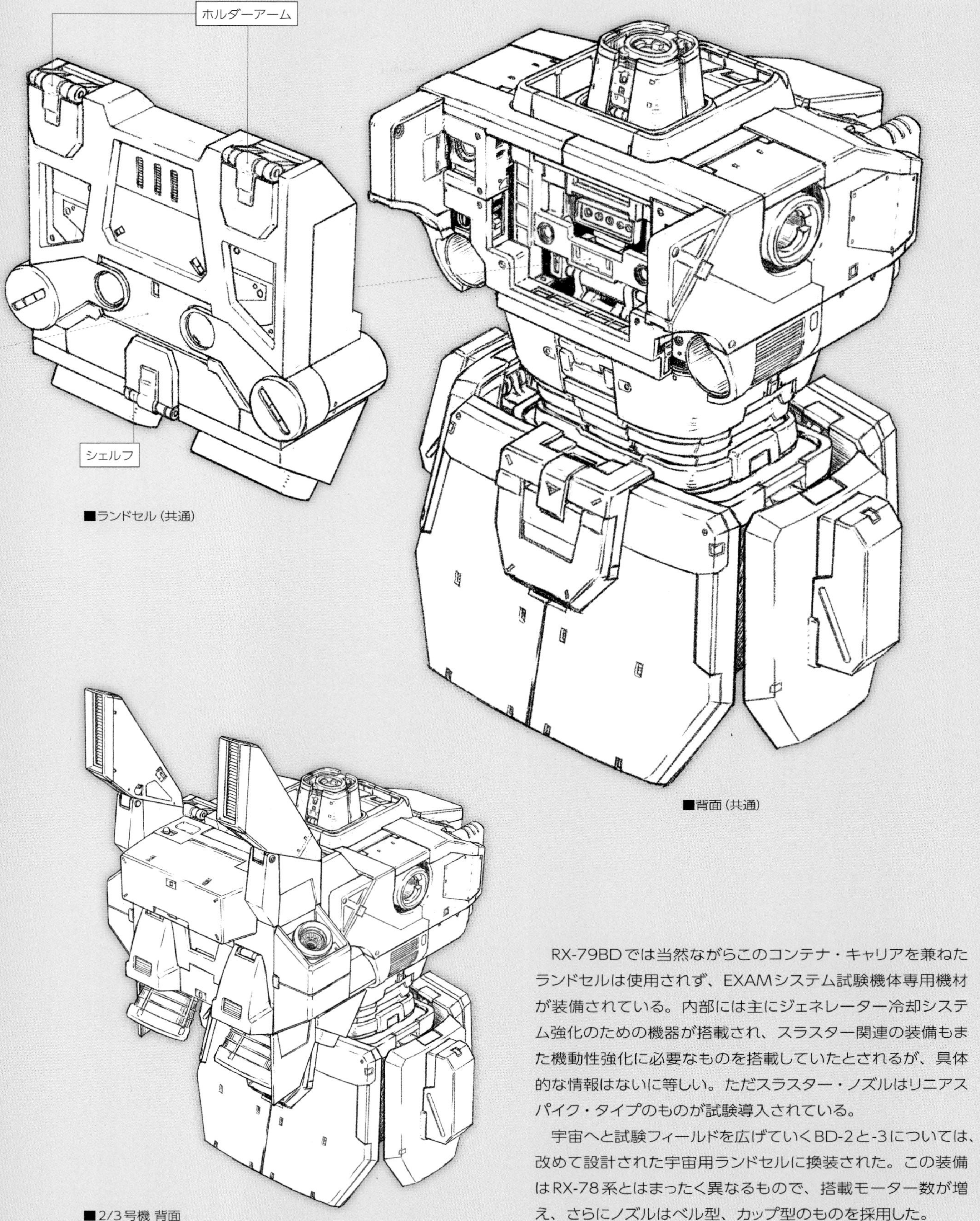

■ランドセル（共通）

■背面（共通）

■2/3号機 背面

RX-79BDでは当然ながらこのコンテナ・キャリアを兼ねたランドセルは使用されず、EXAMシステム試験機体専用機材が装備されている。内部には主にジェネレーター冷却システム強化のための機器が搭載され、スラスター関連の装備もまた機動性強化に必要なものを搭載していたとされるが、具体的な情報はないに等しい。ただスラスター・ノズルはリニアスパイク・タイプのものが試験導入されている。

宇宙へと試験フィールドを広げていくBD-2と-3については、改めて設計された宇宙用ランドセルに換装された。この装備はRX-78系とはまったく異なるもので、搭載モーター数が増え、さらにノズルはベル型、カップ型のものを採用した。

ARM

■腕部全体図

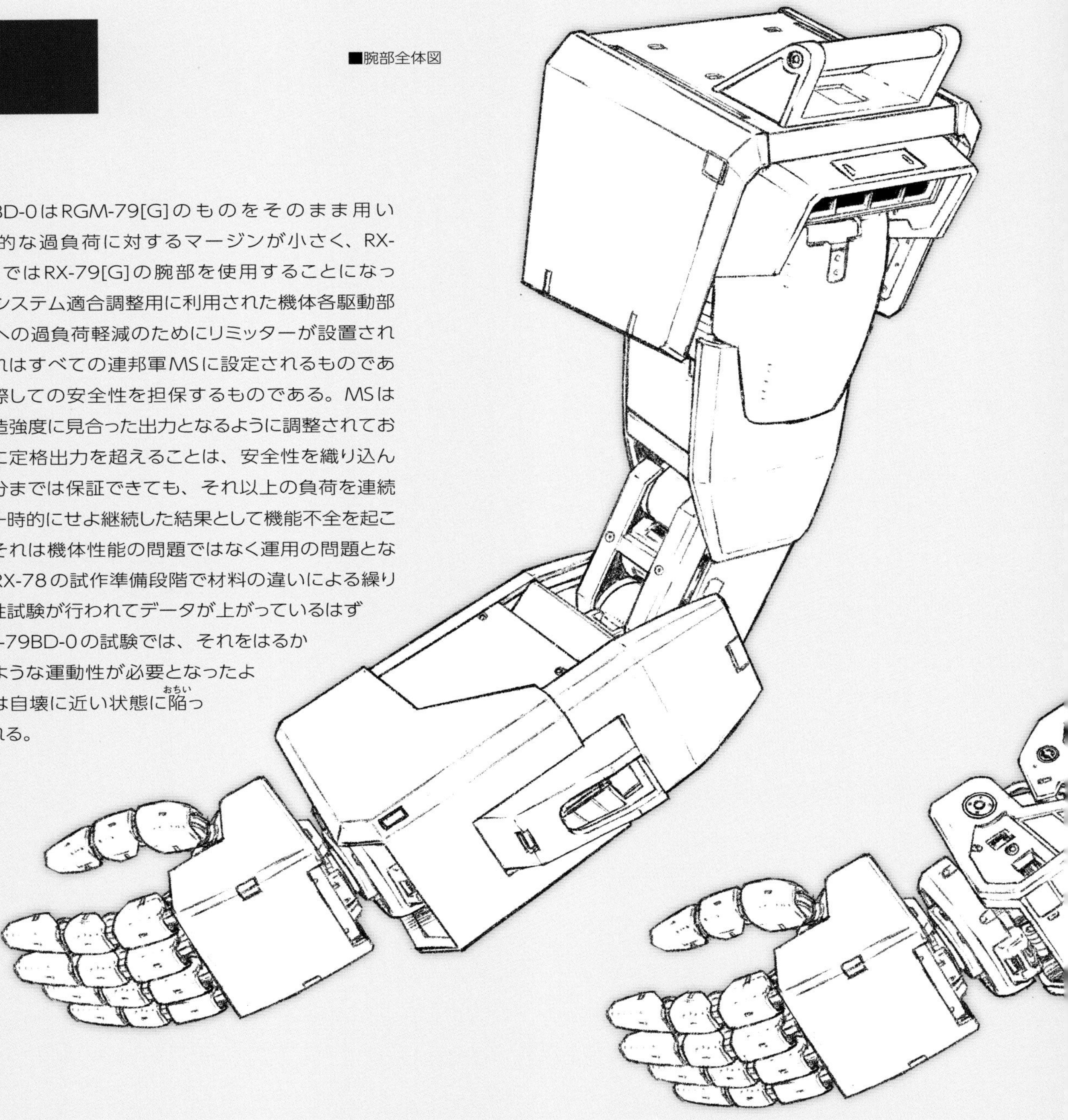

【腕部】

RGM-79BD-0はRGM-79[G]のものをそのまま用いたため継続的な過負荷に対するマージンが小さく、RX-79BD-1～3ではRX-79[G]の腕部を使用することになった。EXAMシステム適合調整用に利用された機体各駆動部には、機体への過負荷軽減のためにリミッターが設置されている。これはすべての連邦軍MSに設定されるものであり、運用に際しての安全性を担保するものである。MSはそれぞれ構造強度に見合った出力となるように調整されており、運用時に定格出力を超えることは、安全性を織り込んだマージン分までは保証できても、それ以上の負荷を連続的にかけて一時的にせよ継続した結果として機能不全を起こした場合、それは機体性能の問題ではなく運用の問題となる。すでにRX-78の試作準備段階で材料の違いによる繰り返し負荷耐性試験が行われてデータが上がっているはずだが、RGM-79BD-0の試験では、それをはるかに凌駕(りょうが)するような運動性が必要となったようで、機体は自壊に近い状態に陥(おち)ったともいわれる。

動きが速く出力が大きければ敵に対してのアドバンテージが高いことは間違いないが、一定の基準値をもとに調整されている機体に過度の機動を求めれば不都合が生じることもまた自明である。しかし、EXAM搭載機体は（人為的にEXAM発動条件をどのように整えたのかは現在でも機密とされている）このリミッターによる制限を自動的に解除することが核になったシステム構成であり、過負荷を持続することが常態ということになる。結果的にEXAMシステム実験機は、実質的にRX-78-2に匹敵するかそれ以上の機械的性能が求められることになる。

RX-79BD-1～3では、ルナ・チタニウム合金製の構造を持たなければEXAMシステムの試験機としては役に立たないことが明白になり、さらに各駆動部のレスポンスについても、後にいわれる“ニュータープ対応機種”以上の性能が要求されるという、言ってみれば当然の結論に到達した。

対策としてまずRX-79BD-1～3に行ったことは、RX-78-3で導入され後にRX-78-2にも施されることになる、当時まだ実験中であった“マグネット・コーティング”のテストベッド対象という認可を得て、全フィールド・モーターにコーティング処理が実施される。これによって制御プログラムは更新を重ねることになり、機体そのもの以上に、機体制御プログラム制作への負担は増したという。

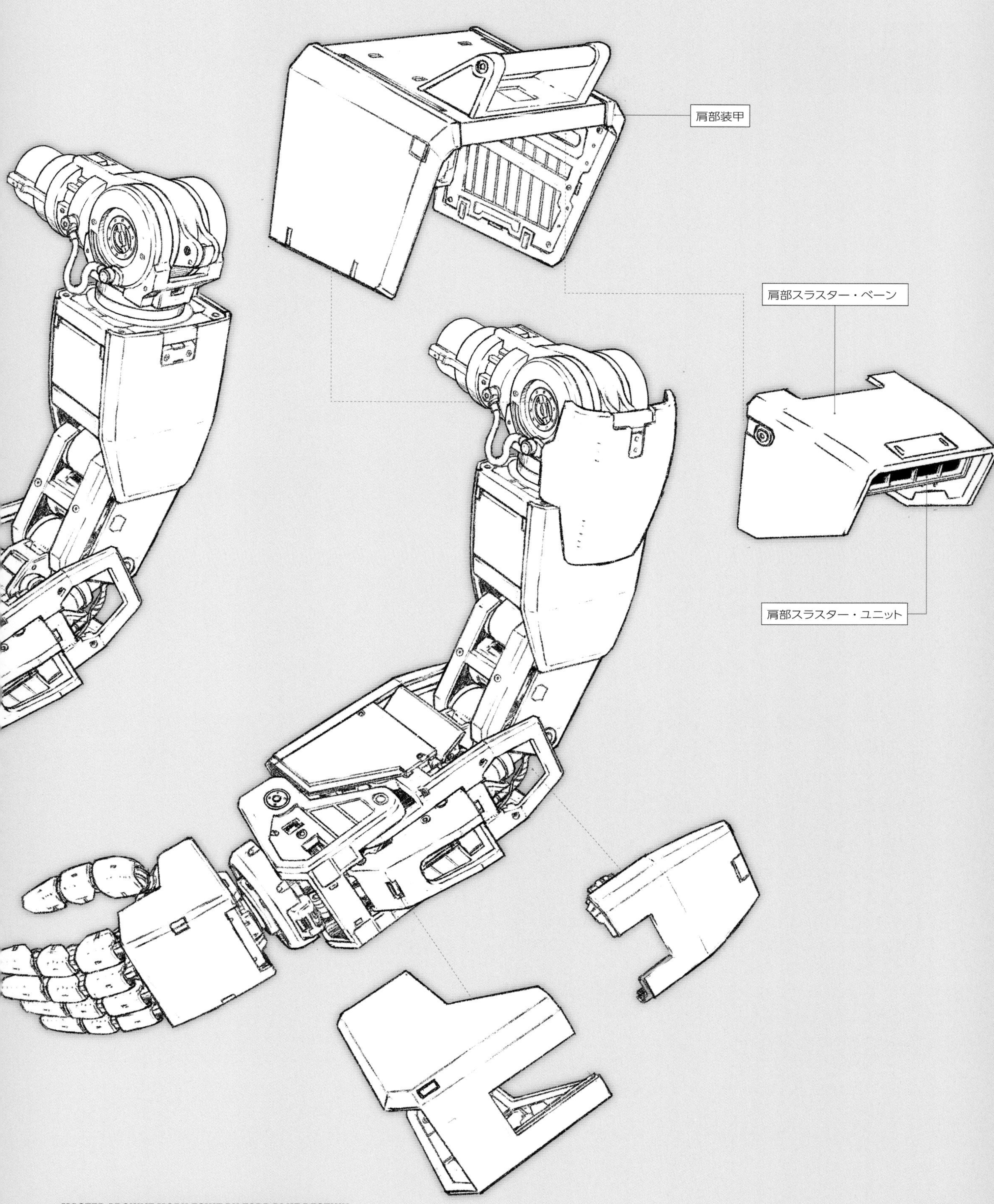
肩部装甲
肩部スラスター・ベーン
肩部スラスター・ユニット

SHOULDER

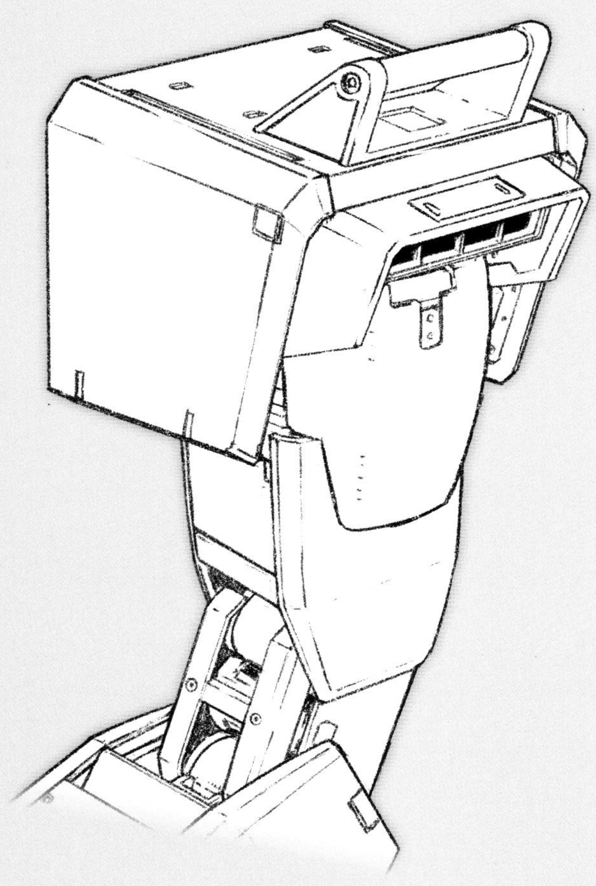

■肩部スラスター【通常時】

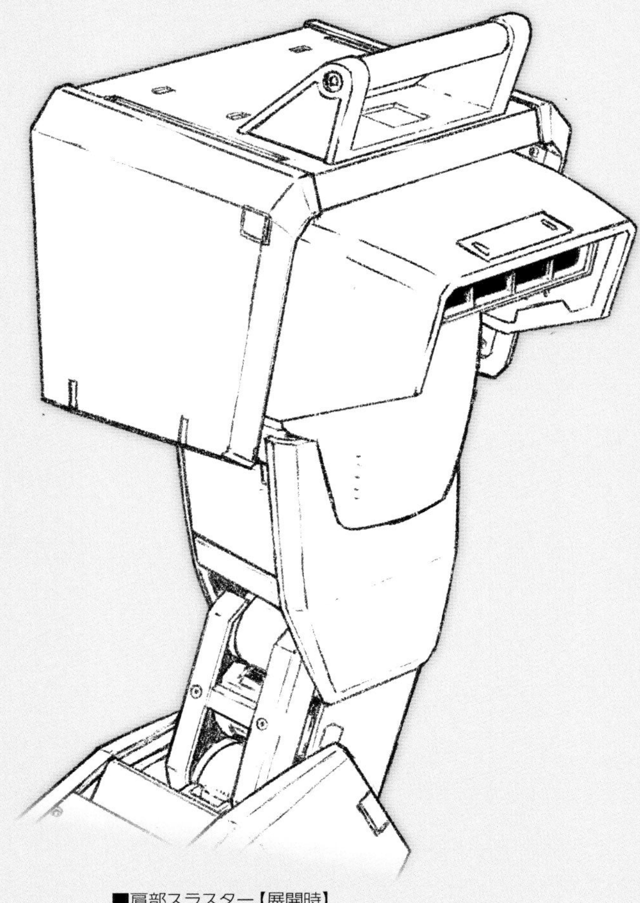

■肩部スラスター【展開時】

肩部のスラスター・ユニットは、肩部装甲とは独立して可動する。パイロットによる操縦操作、AMBACによる姿勢制御などに応じて自動的に展開・噴射を行う。噴射位置はわずかに移動するだけだが、機体の重心位置から離すことで機動効率を高める効果がある。

【肩／上腕】

腕を振るという挙動だけでも、ただ振ればいいというだけではない。振る行為で生じる慣性に逆らう方向に力を加えなければこれを止めることはできない。大きな力で振れば大きな力で止めなければならなくなる。すべての駆動部を連動統合して動きを制御するため、制御プログラムは複雑になるが、それ以前にルナ・チタニウム合金製構造材を用いていたとしても、ユニットやモジュールの接合部に過度な荷重がかかれば破壊の原因となるし、フィールド・モーター自体が機能不全を起こす可能性も孕(はら)んでいた（本来、そうした状況に陥(おちい)らないようにリミッターが設置されたのであるから）。

地上による試験運用のみであったBD-1の場合は、重力によって下半身が地面にあるていど固定されるため、腕を振って止める挙動に対しても運動エネルギーは分散吸収され、余計な反作用による運動を回避できるが、宇宙空間ではこれを停止可能なように、カウンターとなるエネルギー放出が必要となる。宇宙用機体は腕を振るだけでも全身への影響が明確に生じるため、これを適切に処理する制御系が必須となる。RX-78-2から得られた生きたデータの提供も受けてはいたが、RX-78-2にマグネット・コーティング処理が施される前のデータであって、制御プログラムの構築は難しかったに違いない。むしろ、RX-78-2に適用するためのデータ収集にEXAM実験機を用いるという逆転現象が生じていた。RX-79BD-2、BD-3は装甲外殻の外観こそRX-

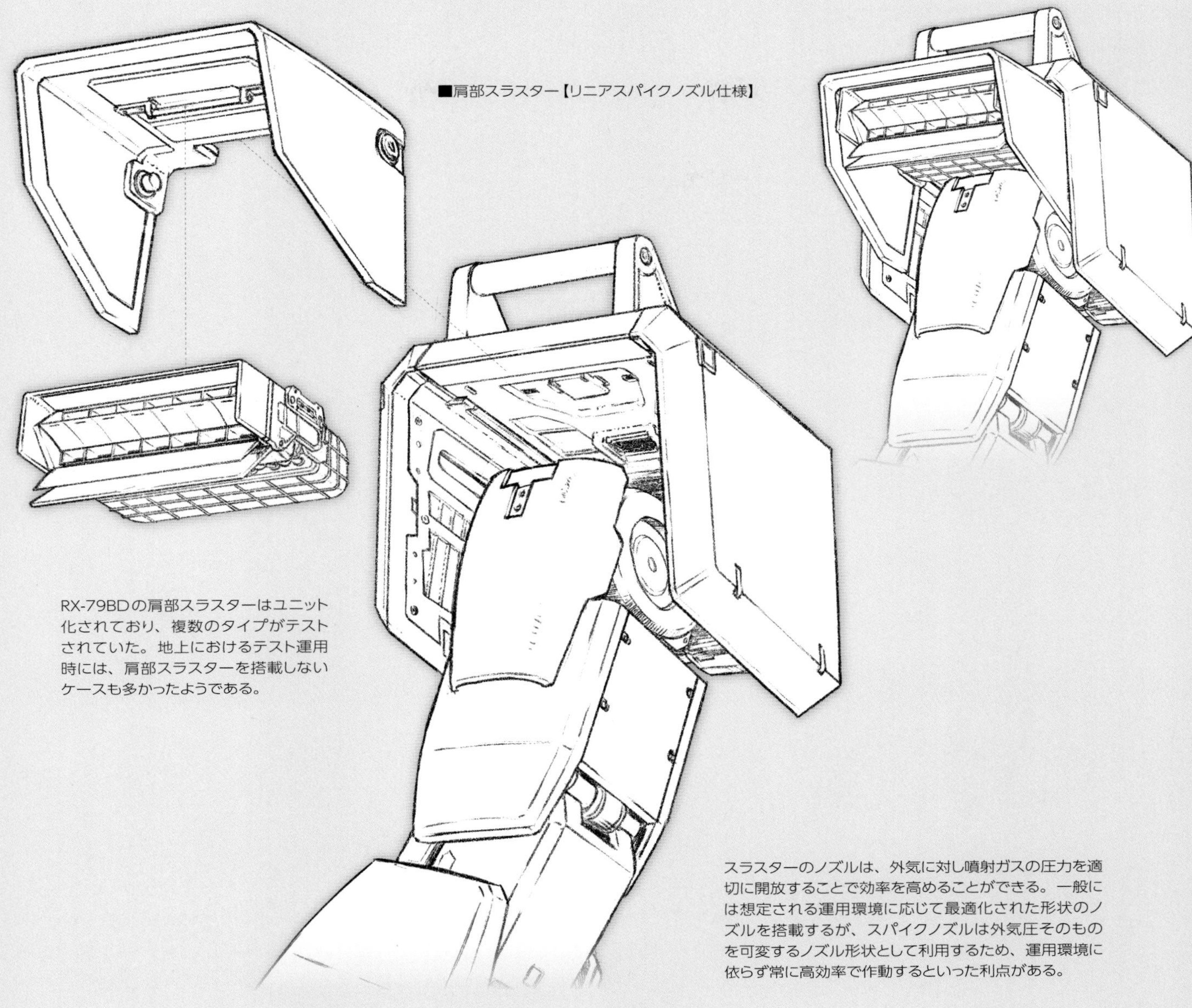

RX-79BDの肩部スラスターはユニット化されており、複数のタイプがテストされていた。地上におけるテスト運用時には、肩部スラスターを搭載しないケースも多かったようである。

スラスターのノズルは、外気に対し噴射ガスの圧力を適切に開放することで効率を高めることができる。一般には想定される運用環境に応じて最適化された形状のノズルを搭載するが、スパイクノズルは外気圧そのものを可変するノズル形状として利用するため、運用環境に依らず常に高効率で作動するといった利点がある。

79[G]のそれだが、内部構造はまったく異なるものとなってしまった。腕だけの話ではないが、実質的には知られているRX-78系試作機以外にも同時期に、さらに2機の“ガンダム”機体が存在していたと考えてもいいだろう。

宇宙に上がることを考えれば、肩装甲内に大型の姿勢制御用のスラスターがあって当然のような錯覚を覚えるが、この時期においては、大型のリニアスパイクノズル状スラスターの搭載例はほとんどない。しかし肩装甲から二次的に側面に付加された庇(ひさし)状装甲は、リニア状にガスを噴出するスラスターの偏向ベーンとして機能したようである。

また、肩装甲には拡張兵装マウント／増加装備パイロンとしての機能を想定したコネクター／ラッチ機構を数ヶ所に内蔵したうえで着脱式装甲パネルで覆(おお)われている。これは、RGM-79[G]の一部で導入されており、RX-79BD-1の段階でさらに設置箇所を増加し基部フレームを強化、RX-79BD-2及びBD-3もそのまま残されていた。

肩及び上腕はクレーンのブームに相当し、肩関節から上腕の駆動出力は大きく設定されていた。軸回転系の集合体であり、基本構成は駆動用モーターとそのケーシングであることは他機種と変わりない。この可動ユニットの組み合わせがフレーム状構造を形成して上腕部形状を保持、さらに周囲に外装式の装甲が固定される。肩口上腕付け根にはフラップ式の懸吊装甲があるが、これは陸戦型からそのまま引き継いでいるものである。

FOREARM

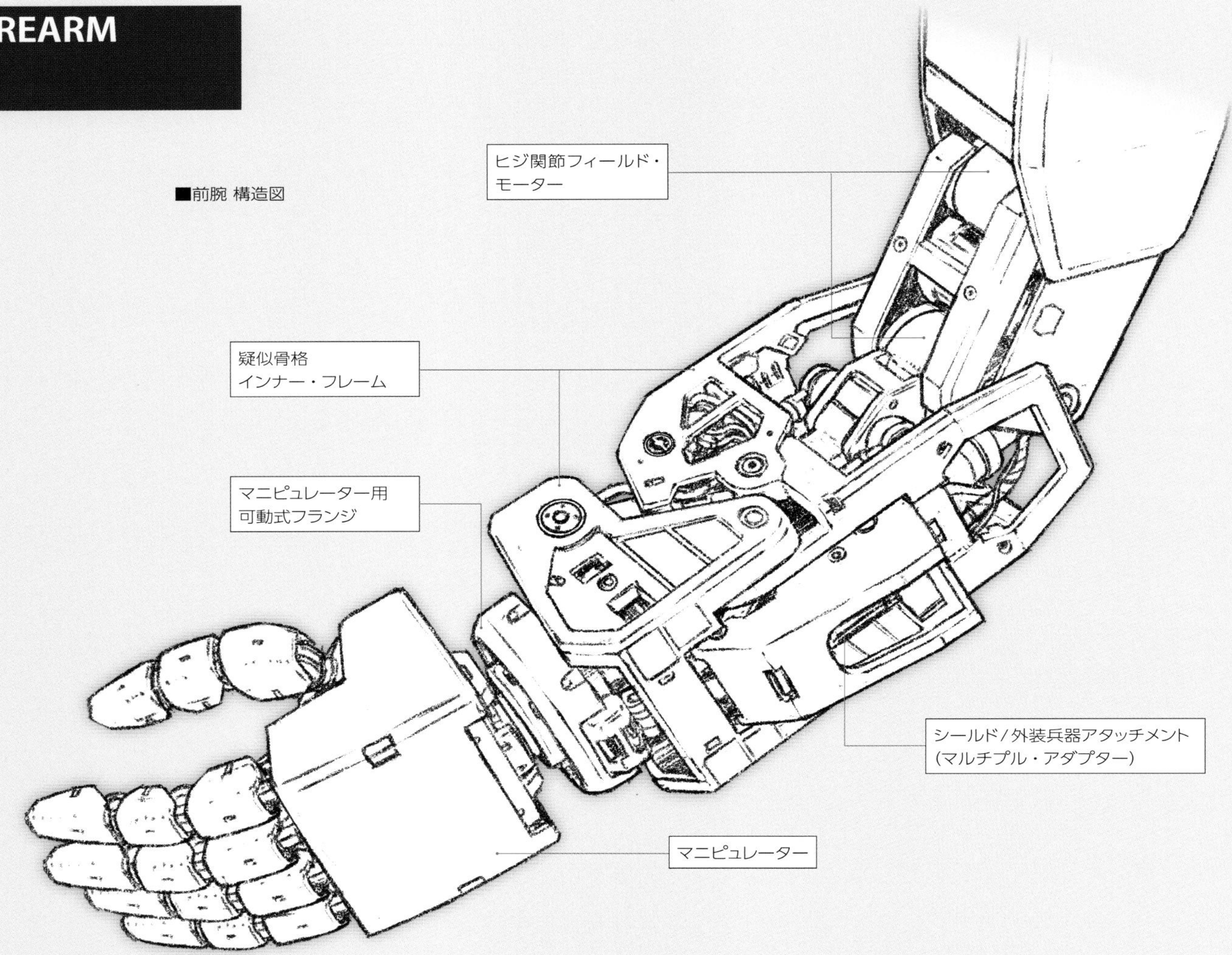

【前腕】

上腕と連接される肘関節部もまた大きな荷重を受ける部分であり、タンデム配置の駆動用フィールド・モーターを内蔵するケーシングに装甲用ルナ・チタニウム合金を用いていることはいうまでもない。RX-79[G]は肘部分を覆う装甲が前腕近位端に固定装備されていたが、RX-79BD用機体では撤去されている。このため、肘関節ケーシングの前・背面は筐体装甲厚を若干増しているらしい。

前腕の構造自体は、上腕部のそれと基本的に同じようなものである。しかし遠端部にマニピュレーターが装着されるため、駆動に関連する機器が収納可能な内部容積の確保と充分な強度を維持しうる形状、さらに日常的な点検と調整の頻度が上がっても対応しやすいような装甲分割になっていた。RX-79BDではさらに分割に変更が加えられている。

前腕はシールド及び外装兵器アタッチメントとしての機能が付されているが、RX-79BDではRX-79[G]でまだ使用されていなかったマルチプル・アダプターを常時設置していたようである。これは後に運用される可能性のある外装式装備品に対応しやすいようにRGM-79用に開発されていたものだが、RX-79[G]での運用も可能である。しかしその装備例は少なく、オリジナルの装甲開口部が大きいカプラーのままで運用されていた。RX-79BDではこのマルチプル・アダプターを標準装備化していた。というのも、試験機体として外装兵器や防御兵器のEXAM運用時における操作・制御状態もモニターする必要があるだけでなく、新兵器のテストベッドとして用いることも機体提供の条件であったことによる。

装備装着のため前腕は偏った荷重を受けることを前提に、これを支える強度と、シールドを装備した場合には攻撃を受けた際の瞬間的に加わる大きな衝撃に対応しうるような構造を与えられているが、これらのバランスを調整するプログラムは想定戦闘条件下で構築されたものであり、EXAMシステムには対応していない。これらの書き換えにも大きな労力を要したことであろう。

筐体内部、疑似骨格構造を維持するためのインナー・フレーム下端には、マニピュレーター旋回の基部となるピボットがあり、回転と角度微調整を行う可動式フランジがはめこまれる。

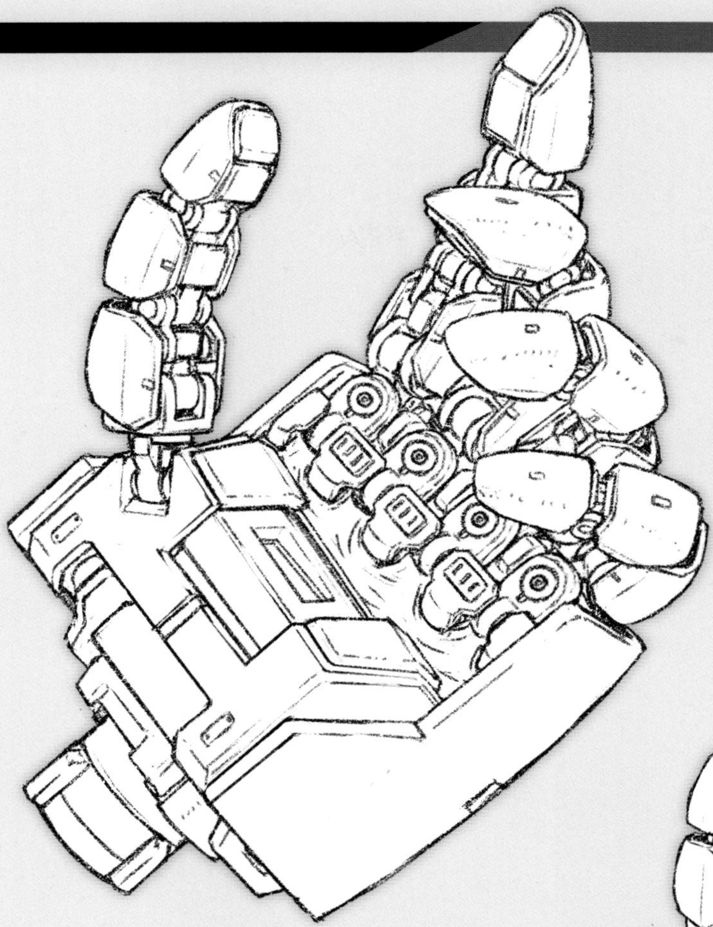

HAND
(Manipulator)

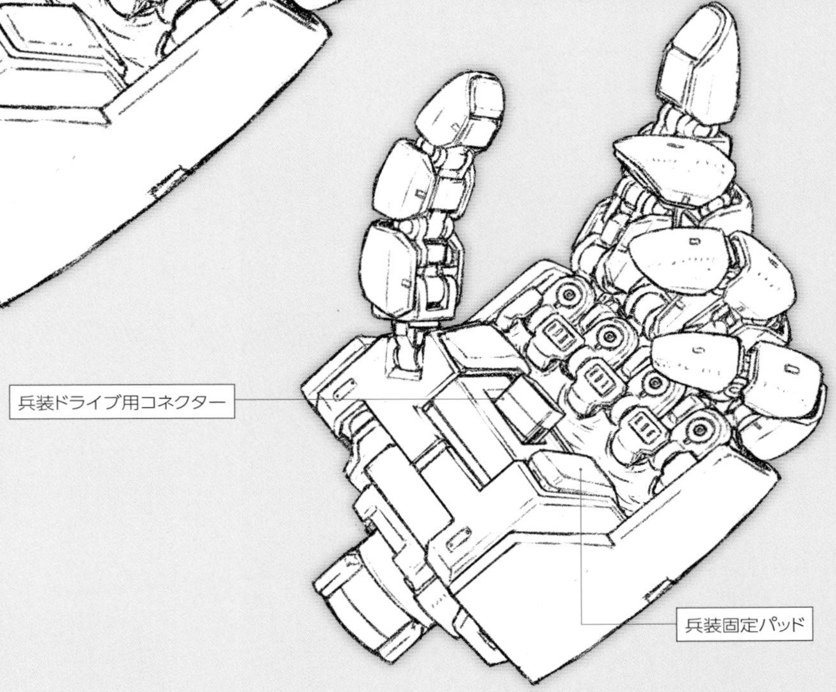

兵装ドライブ用コネクター

兵装固定パッド

人間の手首に当たるマニピュレーターは、武装の重量と質量弾兵器の発射時反動に耐えつつ安定して武装を保持するため、常時適切なトルクをかけ続ける必要のある部位である。従って、繊細な部位であると同時に、見た目以上に頑丈で確実性のある機構で構成されている。MS同士の白兵戦においても数回の殴打の衝撃には耐えるといわれているが、推奨はされていない。

【手】

マニピュレーターの旋回はフィールド・モーターによる。全周回転しないように回転域制限が加えられが、これは人の可動域を模したものであり、RX-78の基本設計を踏襲する。フィールド・モーター・ハウジングは四周にアクチュエーターがあり、可動フランジを支持する機構もRX-78のままである。マニピュレーター支持基盤となるフランジ部分は、機体基準線に対する腕全体の相対的位置と、その動きに応じて角度を調整してマニピュレーターの位置を維持するという複雑な可動制御が要求される。特に射撃兵装を使用する際は照準調整のための微妙な動きを常時強いられ、さらに衝撃や遠心力による影響も受けやすい。充分な保護処置が行えるほどに手首筐体(きょうたい)内部容積が得られないため、使用されるアクチュエーターの疲労損耗(そんもう)率は極めて高かった。

RX-79[G]やRGM-79[G]は、手袋のような軟質樹脂製の防塵(ぼうじん)カバーが標準装備されているが、RX-79BDも同様にこの器材が用いられていたかどうかについては情報がない。

LEG

■1号機脚部全体図

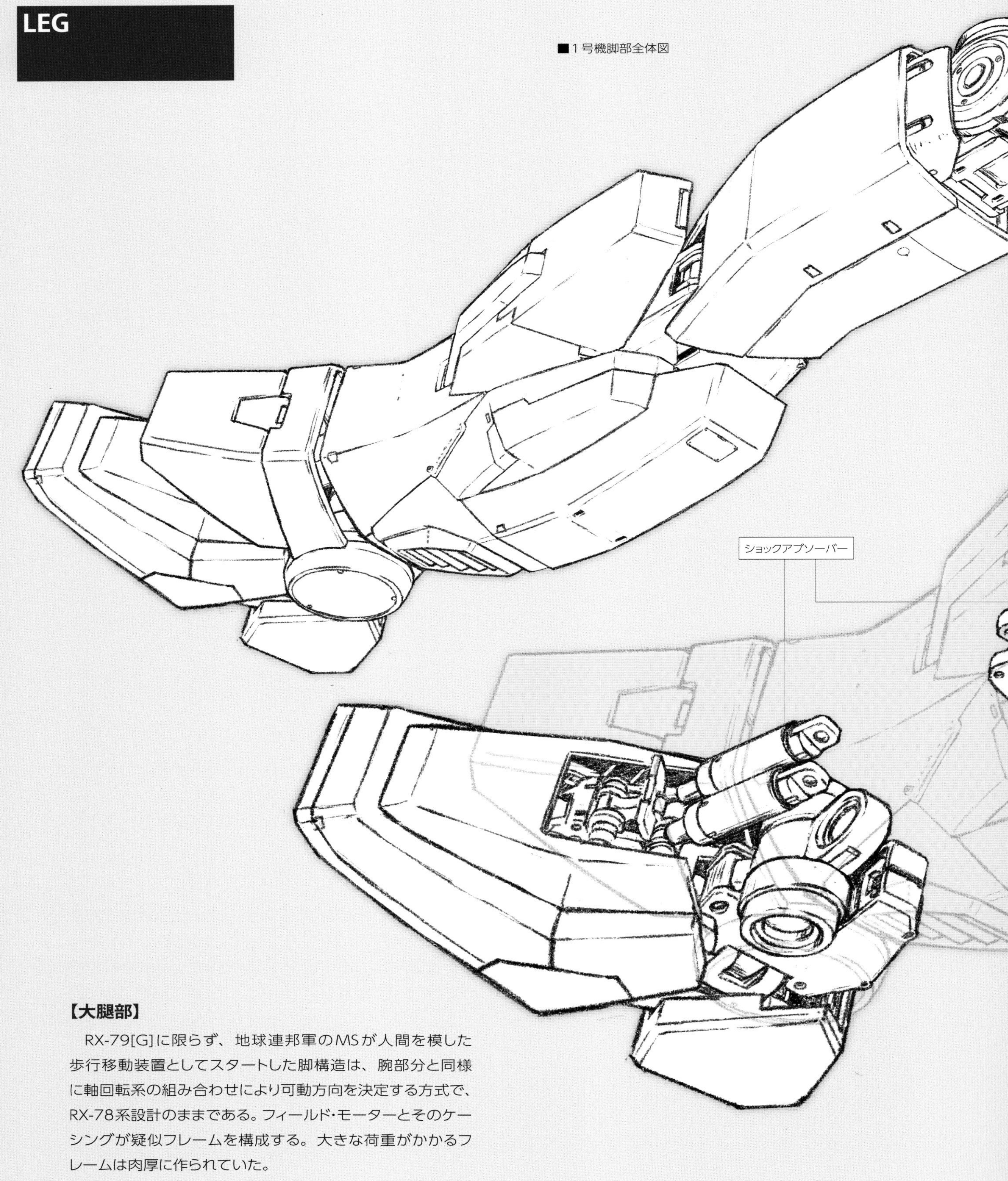

【大腿部】

RX-79[G]に限らず、地球連邦軍のMSが人間を模した歩行移動装置としてスタートした脚構造は、腕部分と同様に軸回転系の組み合わせにより可動方向を決定する方式で、RX-78系設計のままである。フィールド・モーターとそのケーシングが疑似フレームを構成する。大きな荷重がかかるフレームは肉厚に作られていた。

THIGH

■1号機・脚部関節部 構造図

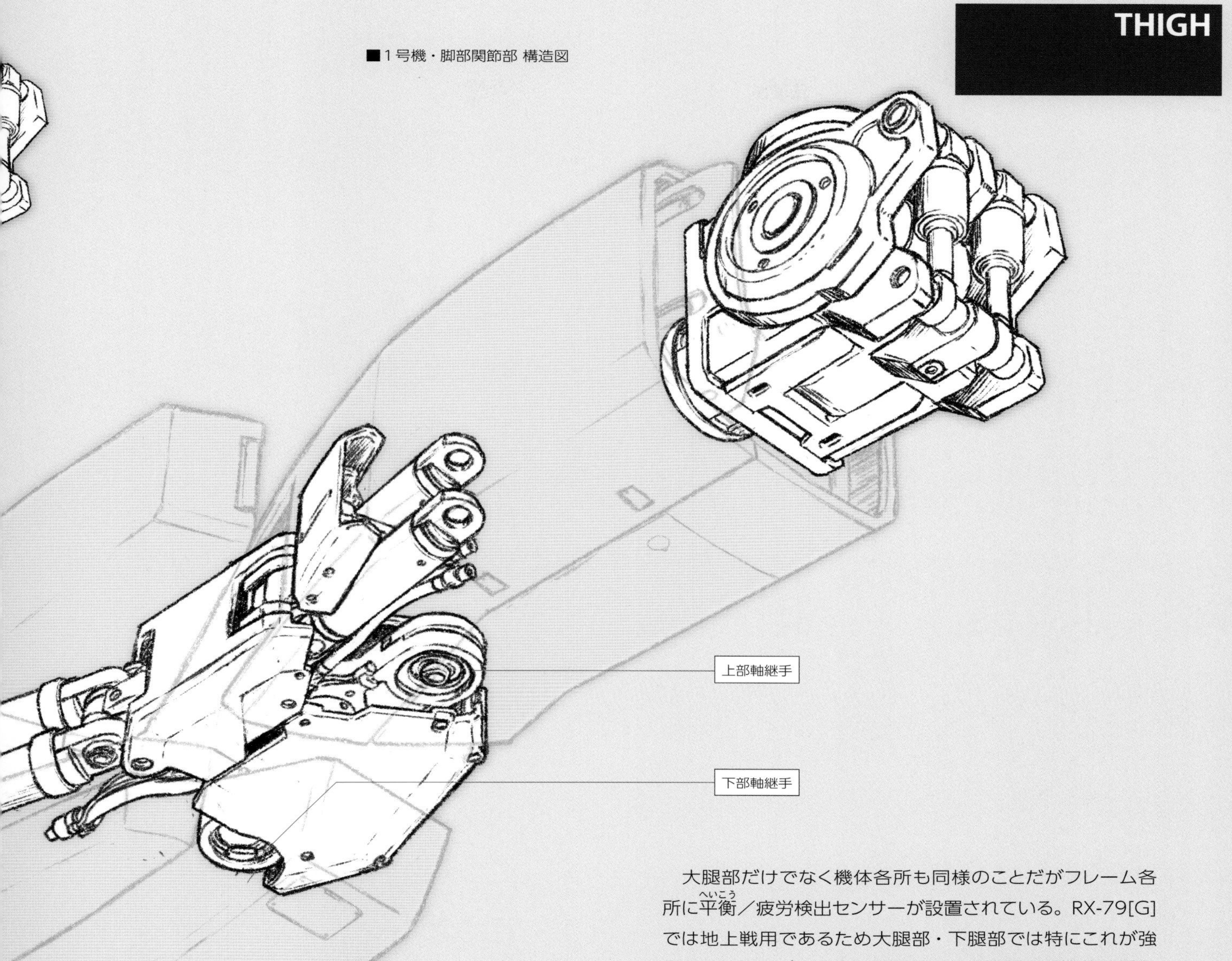

膝関節(しつかんせつ)も脚部折り曲げ可動域のクリアランスを大きく広げる目的で上部軸継手、下部軸継手の二軸構造を採用しているが、各可動軸に使用されるフィールド・モーター出力は大きく設定されていたため、過剰なトルクでの動きが危険を伴うことを想定してリミッターのセッティングには慎重が期されている。さらにバックアップの装置も並列されていたが、RX-79BDではこれらの制限を排除した。したがって耐久性の保証はできないことへの了承を文書の形で残すよう製造部門から念を押されたという逸話がある。要するに、壊れても責任は持てないという現場からの正直な提言である。

大腿部だけでなく機体各所も同様のことだがフレーム各所に平衡(へいこう)／疲労検出センサーが設置されている。RX-79[G]では地上戦用であるため大腿部・下腿部では特にこれが強化されているが、宇宙を主戦場とする機種では機体の重心に対する相対的な計測値が主となるのに対し、地上戦闘専用機では常時、重力に抗する形でのバランス維持が重要となり、その結果、疲労を見出すことは重要で検出ポイントは圧倒的に増えていた。重力下での歩行はバランスとその崩れの微妙な繰り返しによって行われる挙動であるが、直立静止して上半身だけ動かすというような行動では、下半身の平衡(へいこう)がより重要になるものである。

RX-78の大腿部保護装甲は前後分割されているが、正面の装甲は脚部の動きに追随してスライド、露出する可能性の大きい膝関節の上部継手を可能な限り保護するような構造になっている。可動装甲の保持と駆動には大型のアクチュエーターが装備されていた。しかし、地上戦用となったRX-79[G]ではこのスライド追随機構はオミット、それに割かれていたスペースに追加の緩衝(かんしょう)機器と重量支持構造材が付加された。RX-79BDでもこの機構は踏襲されている。

LOWER LEG

■1号機・下腿部

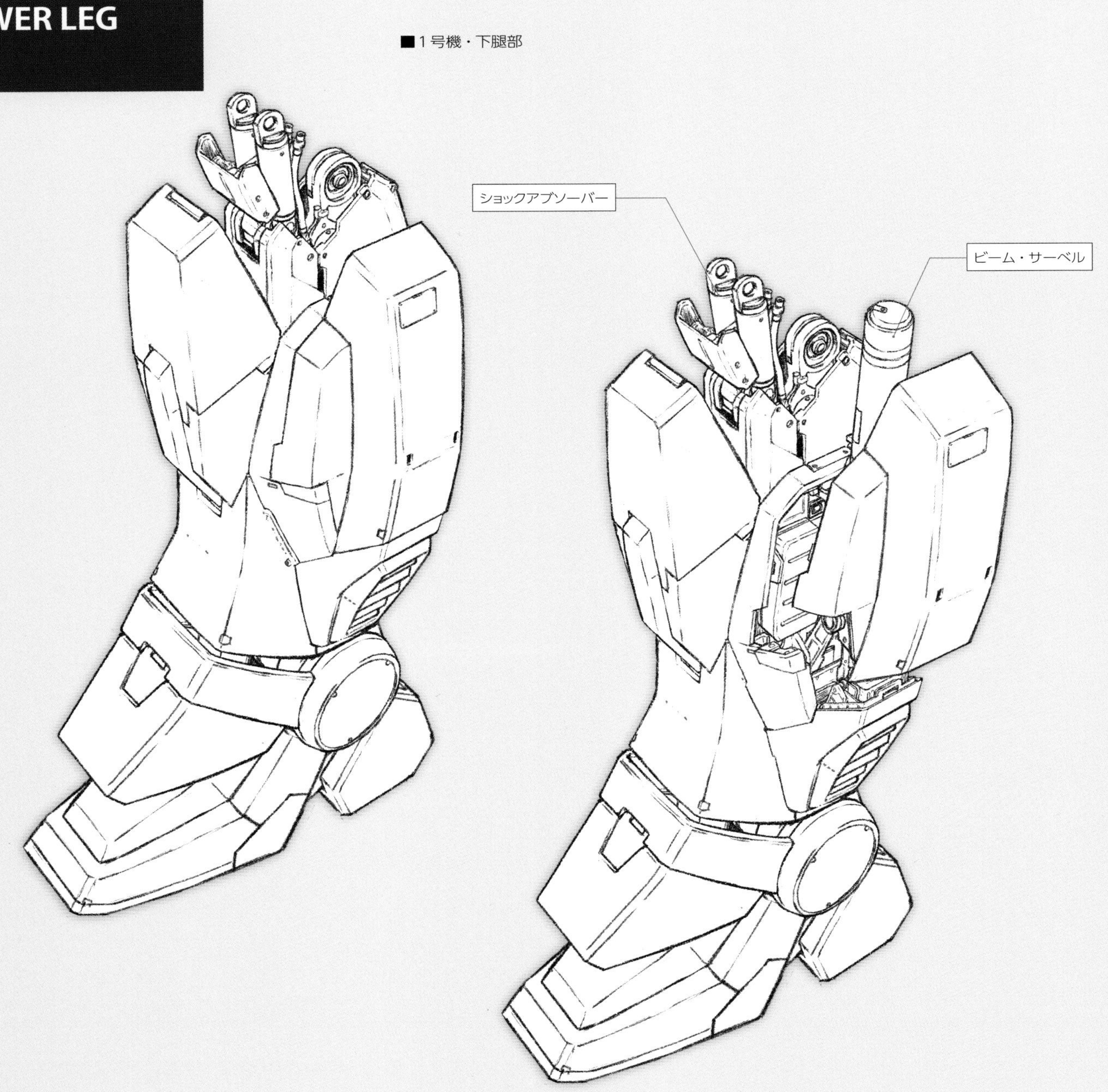

【下腿部】

大腿部よりもさらに大きな荷重を受けることになる部位で、そのため疑似フレーム構成材も一段と“骨太”になっている。下腿部の大きな役割は重量の支持というだけでなく、衝撃の吸収、分散という点にあり、上部膝関節(しつかんせつ)部継手の接合座金には大型のショックアブソーバー（衝撃吸収装置）が配され、大腿部への衝撃を緩和する。座金下端はフレームの一部を構成する衝撃緩衝(かんしょう)機構に接合され、機体軸垂直方向にかかる衝撃の大部分を緩和するようになっていた。

もともとRX-78系機体では、下腿背面のふくらはぎに相当する位置には宇宙空間における姿勢調整用スラスターとプロペラント・タンクを一体化したモジュールが搭載されているが、RX-79[G]ではこれを廃止している。RX-79BDも同様であるが、一方で、装甲外殻背部裾(すそ)にはリニアスパイクノズルがBD-1時点から導入されている。おそらくEXAMシステムの発動による跳躍などの高機動化された挙動に対する補助推進装置としてのスラスターとして機能するように設定されたもので、スラスター・モジュール廃止で空いたスペースに再び搭載されたものと思われる。宇宙で運用が決まったBD-2、BD-3でもこれは姿勢制御用として流用されたが、出力が強化されているかどうかは不明である。

■1号機・下腿部 構造図

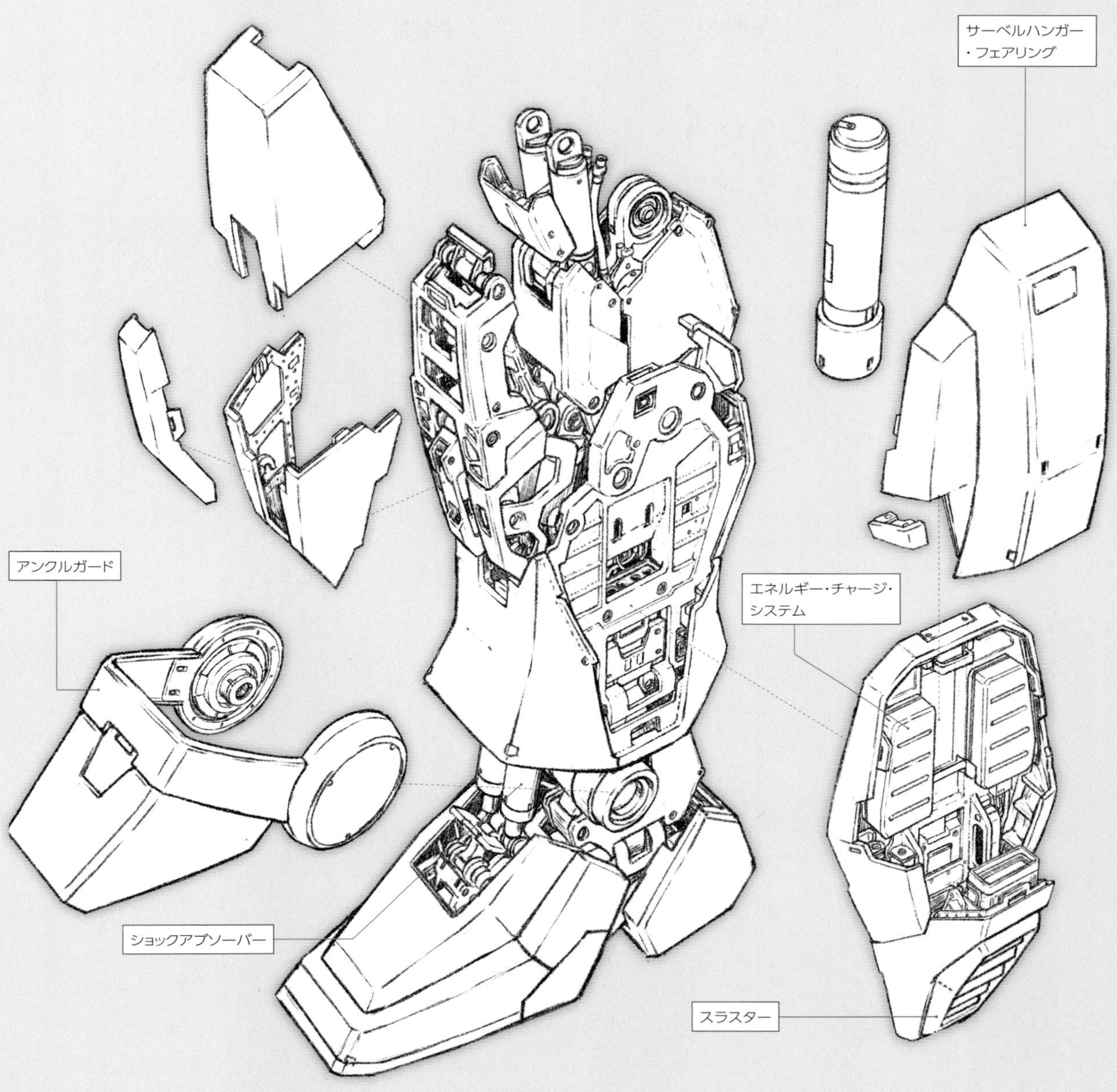

RX-79[G]、RGM-79[G]はともにランドセルの飛行推進持続機能が最小限化されており、代わりに冷却性能強化が図られ、ランドセル内スペースは主にこの機材に充(あ)てられた。これにともないビーム・サーベルのチャージ機構は移設され、左右下腿とも外側面の上部に起倒開閉式ハンガーを新設、ここにビーム・サーベルを収納した。サーベルのエネルギー・チャージ・システムは設置場所の容積の関係もあり容量が小さく、リチャージには相当の時間を要した。RX-79BDもこのシステムを踏襲しているが、地上における機動性強化（実質的にはEXAM機動対応）として、サーベルハンガー・フェアリングにオーバーラップするように外装式でスラスターが増設された。

足首の保護装甲（アンクルガード）はRX-79[G]よりも足首関節機構の正面露出度を下げるため、形状変更が加えられている。下腿疑似フレーム前方下部は、駆動制御とダンパー機能、衝撃緩衝(かんしょう)機能を併せ持つ大型のショックアブソーバーストラットが設置される。接地時につま先から斜めにかかる負荷が大きいため、これを緩衝(かんしょう)することが主たる目的である。

FOOT

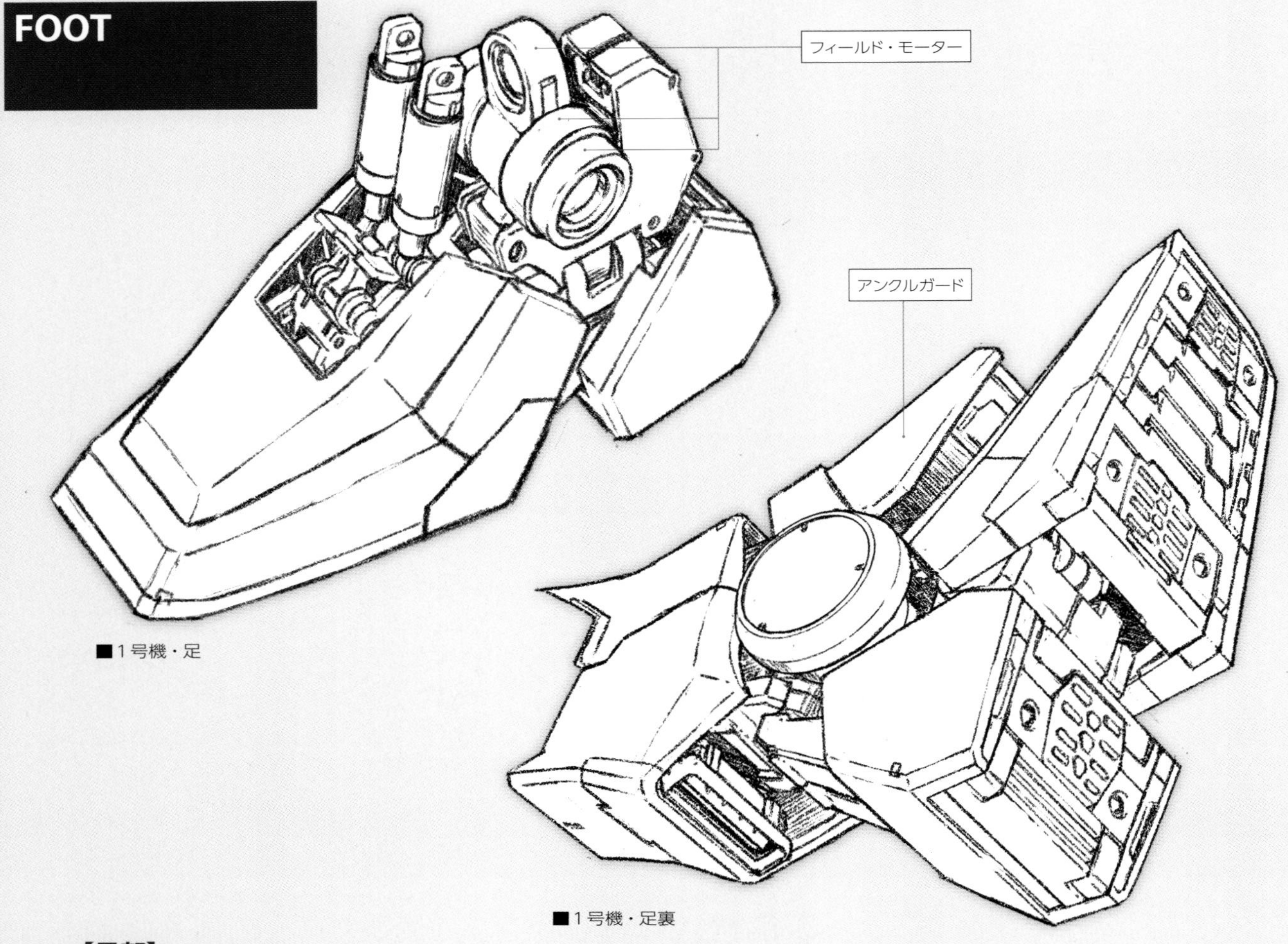

■1号機・足

■1号機・足裏

【足部】

RX-78系ではランディング・パッドとしての機能が優先された構造として設計されているが、地上戦用機体では重力下歩行肢としての機能が強化された。内部空間に収納される衝撃緩衝（かんしょう）装置は強化されている。RX-78系の底部は、前・後・中央の3ブロック構成で、前後は接地、中央にはサステイナー／カウンター用スラスターが収納されているが、RX-79[G]ではスラスターが撤去された。RX-79BD機体もこれを踏襲しているが、BD-2、BD-3ではスラスターが再搭載されている。

RX-79[G]もRX-78同様に、足上部外殻は標準装甲素材製で、"スリッパ"と通称される部分は高靱性装甲材料になっており、底部の動きに合わせて追随変形した。また足上部外殻に対しスリッパ上端周囲部はオーバーラップし隙間が最小となる構造になっている。スリッパ部表面には衝撃硬化式エラストマーの肥厚コート処理がなされるが、この材料は航宙艦の装甲強化材料として開発されていたものの転用であったらしい。この材料は想定内の負荷であれば基盤材料に追随して変形するが、砲弾などで一定値以上の衝撃が加わると瞬時に剛性が高まり、基盤材料の損傷を軽減するようになっている。しかし損傷、損耗（そんもう）率は高く、スリッパの予備部品は大量に準備されている。

かかとに相当する部分に脚部の総合的ステイタスを把握するモニタリング・アクセス・ポートが設置されているのはRX-78系やRGM-79同様で、特に地上戦用では日常の点検に不可欠なデバイスなため、システムはデュアル方式で搭載されている。RGM-79では全身の点検にも使えるようにしてほしいという現場の要請は却下されているが、RX-79[G]とRGM-79[G]ではここから全身の状況が把握可能なように改修されている。

足首フィールド・モーターは非常に特殊な構造で、同心上に2基のモーターが設置されており、大トルクのものを足、低トルクのものはアンクルガードの駆動に用いるのもRX-78などと同様である。

足首関節の継手と足底板を接合する部分は、重力下における足の適正角度保持と、底面への衝撃を緩衝（かんしょう）する役割を果たすため、RX-78系以上に強化した機材が適用されている。RX-78用余剰ユニットからオーバースペックゆえに弾かれた機器を重点的に選択したともいわれる。各部への負荷、平衡（へいこう）、疲労を検出するセンサーが要所に設置されているが、これがさらに増設されているのはいうまでもない。

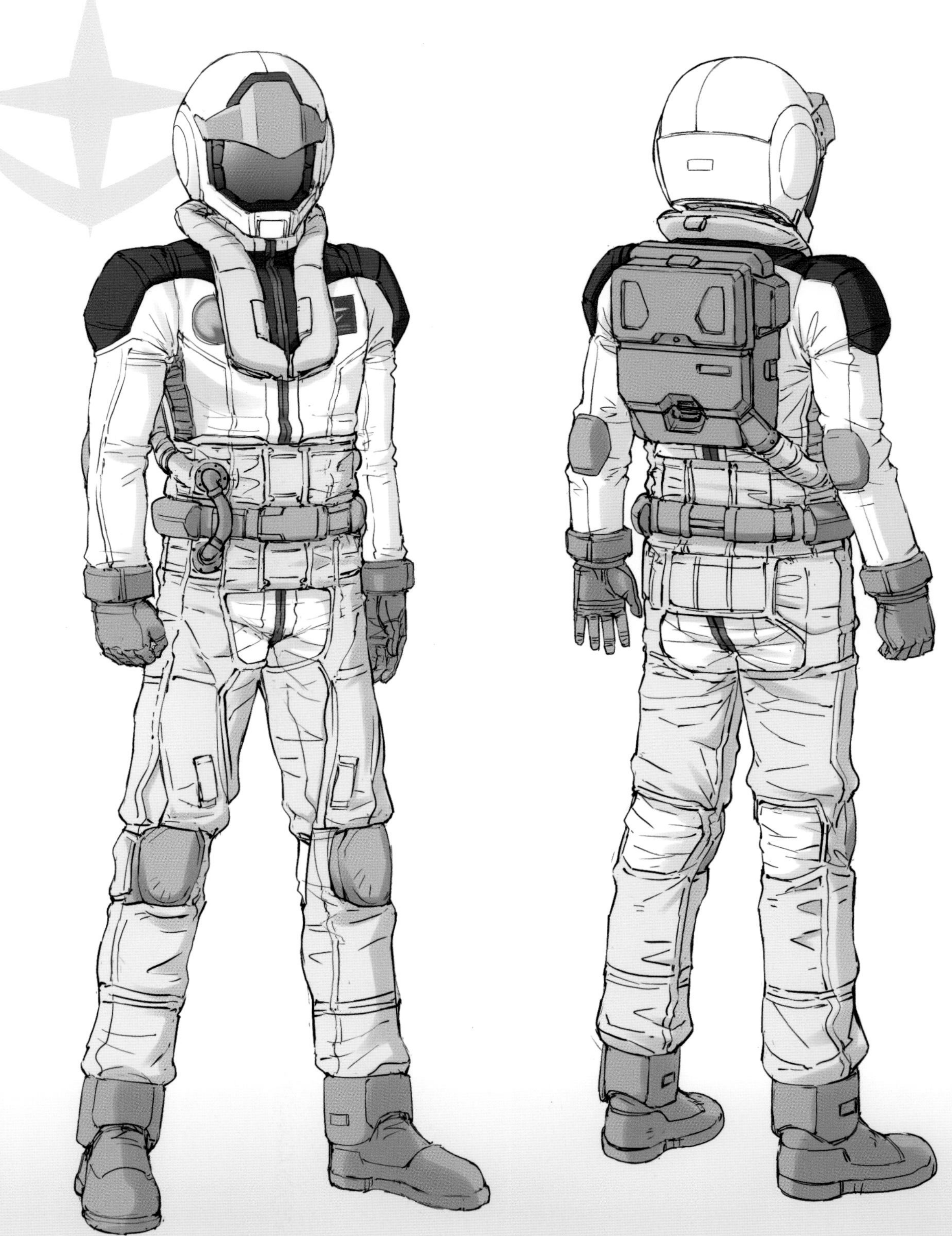

■地球連邦軍テスト・パイロット用ノーマルスーツ
RX-79BDのテスト・パイロットが着用したとされるノーマルスーツは、当時一般の地球連邦軍製MSパイロットに支給されていたタイプをベースとし、高Gに耐えるための血流調整用加圧装置を加えたものも用意されている。このタイプは常に着用していたわけではなく、EXAMシステムを実際に発動させるテスト・プログラムを実施する際に用いられたようだ。

90mm Machine Gun

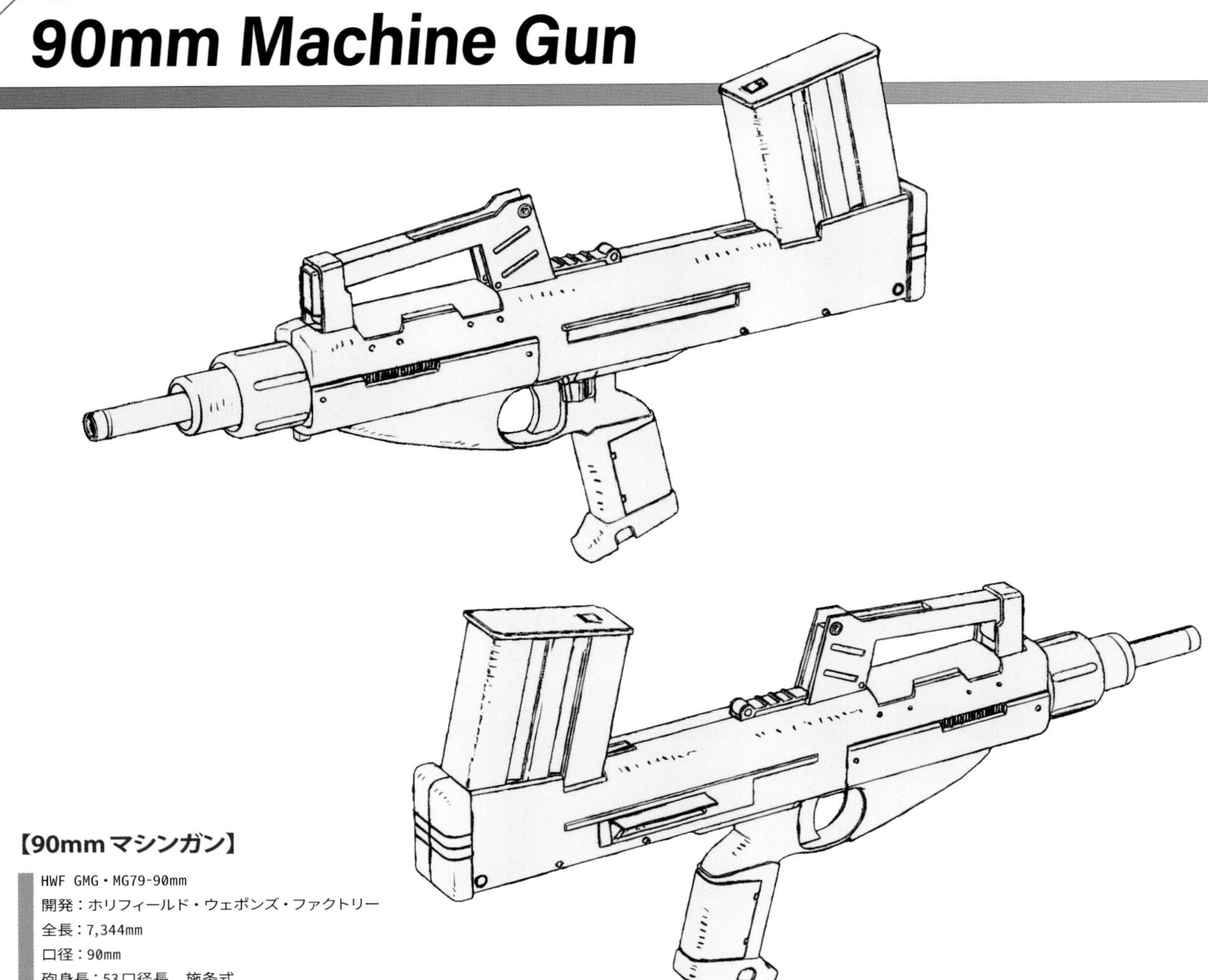

【90mmマシンガン】

HWF GMG・MG79-90mm
開発：ホリフィールド・ウェポンズ・ファクトリー
全長：7,344mm
口径：90mm
砲身長：53口径長　施条式
装弾数：23発

通称"ジム・マシンガン"とも呼ばれるぐらい広く戦線に行き渡った実体弾火器である。いわゆる"ブルパップ"として知られる自動小銃の外観をデザインに取り入れた機材で、これによって砲機関部筐体(きょうたい)から露出するバレル部が短いにもかかわらず100mmマシンガンよりも口径長は大きく（バレル長が長い）、その一方で器材全長はわずか15cmほど長いだけに留めることができた。外観から"ブルパップ"と表現されることが多いが、給弾メカニズムの配置が砲筐体(きょうたい)後方に寄りすぎており、内部メカニズムは独自の複雑な機構となってしまっていることがMG79の欠点であるとされる（同様の配置は旧世紀のソ連で開発が進められたTKB-022自動小銃に酷似している）。また上方からの給弾は、モビルスーツによる保持の便宜を考慮したものであったが、排莢を側方に設定するという強引な設計であったため、給弾・排莢メカニズムは複雑化せざるを得なかった。

最大の利点は器材全長のコンパクト化による取り回しの容易さだが、加えて外部衝撃によるバレル変形の可能性が小さいことも手伝い、運用現場でのマシンガンへの評価は高かったという。

90mmという口径は、地球連邦陸軍においてモビルスーツ開発以前から次世代艦砲、対空砲、牽引式榴弾砲用として実用化を進めていた多用途砲の延長線上にあるもので、使用砲弾はこれらの火砲と共用が可能なコンセプトを前提に進められたという。この火砲開発当時、ジオン公国の宣戦布告によってホームランドである地球が戦場となることは想定されていなかったと思われるが、結果的に、90mm多用途砲の規格に合わせたモビルスーツ用マシンガン開発を重視したHWFの読みは正しかったといえる。

この多用途砲は金属薬莢式という古い系統に属する弾薬を使用する前提で生産が始まったが、時期を置かず焼尽式カートリッジ使用への要求が出され（これは軍が保管する弾薬を焼尽式薬莢へと切り換えることが決定されたことに由来するらしい）、そのため金属薬莢と焼尽式薬莢への両対応が可能な器材への改修が行われている。

90mmマシンガンは両対応が可能なバレル・ユニットを搭載している。これによって地上MS部隊は、通常部隊同様に兵站の融通(ゆうずう)性が高いものになった。

宇宙空間における運用も考慮しバレル冷却用の熱交換機構が内蔵され、また後座・復位機構も必要であるため内部は極めて複雑な機械構造を有しており、整備性は必ずしも良いとはいえなかった。なお焼尽式薬莢であっても弾丸のエンド・キャップのみ排出する必要があった。

100mm Machine Gun

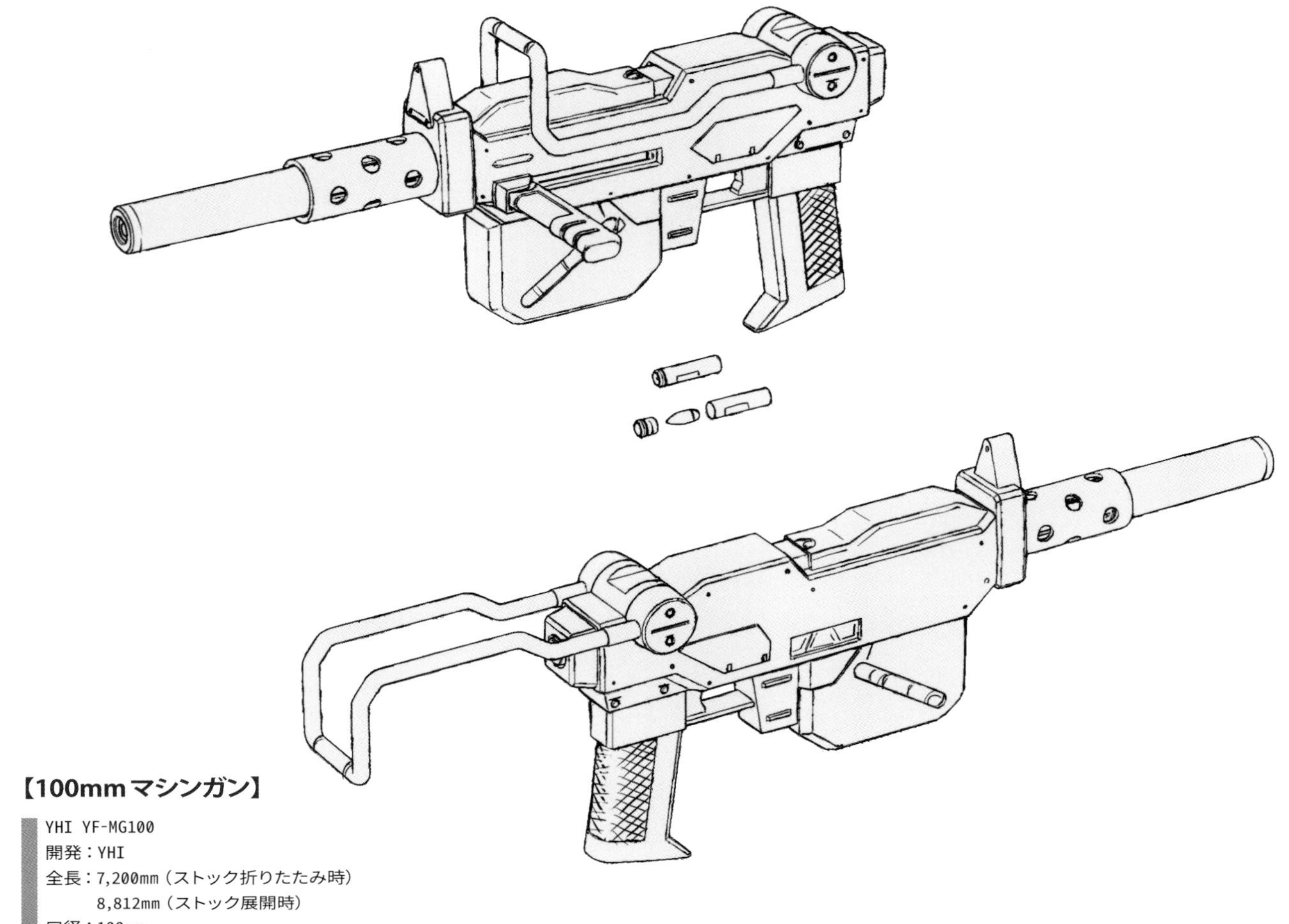

【100mmマシンガン】

YHI YF-MG100
開発：YHI
全長：7,200mm（ストック折りたたみ時）
8,812mm（ストック展開時）
口径：100mm
砲身長：42口径長
装弾数：28発

YHI（ヤシマ重工）が開発した連邦軍モビルスーツ携行用実体弾火器で、最大の特徴は当時YHIが提唱していた可搬式兵器構想に基づいて設計されていたことである。モビルスーツ自体のマニピュレーターによって分解、組み立てが可能な構造を有し、陸軍MS用制式装備となる汎用コンテナ内に複数分解格納、モビルスーツが運搬することを前提に機関砲構成パーツのユニット化が行われている。

宇宙世紀になって、実体弾火砲の大口径化が進んでいるところにモビルスーツという人型兵器が登場したため、直感的スケール感が喪失している傾向にあるが、地上における（宇宙でもそうなのだが）物理法則はミノフスキー物理学が広く認められるようになっても厳然と存在しており、100mmは旧世紀からの言い方をすれば洋上艦砲級の砲であることを失念してはならない。したがって発射反動は相応に大きく、このエネルギーを吸収、分散させ、さらに後座したバレル（砲身）を即座に復位するためのメカニズムが内蔵されている。復位時に次弾を薬室内に装填（そうてん）し撃発・発射のサイクルを、トリガーを引き続ける限り繰り返すことになるが、使用砲弾はボトムカップ部以外は完全焼尽式ケース内に納められているため、排莢プロセスは省略されている（ボトムカップはスライドしてマガジンに回収される）。

バレルは滑腔（かっこう）式で本体は耐熱高強度スチール製だが、それを取り巻くジャケットは単なる保護筒ではなく、全長にわたってバレル冷却用の熱交換機構が内蔵される。地上運用のみを前提としている機材では水冷-空冷式であるが、宇宙空間における運用も考慮され、生産途中から熱交換媒体を介した方式に変更されている。したがってこの回路とシステムが、マシンガン重量の多くを占めている。

折りたたみストックは単なる射撃保持用の部品ではなく、内部に熱交換媒体を循環させる導管があり、地上（空気のある環境）ではバレルの除熱に関連したラジエーターとしての機能を有している。マシンガンはバレルや駆動部分を除き、軽量化のために複合素材を多用した構造で、外装も必要に応じた迷彩塗装などが可能である。

物理的な問題から発射速度には限界があり、量産された機材では秒間1.5発の発射まで向上しているが、それ以上の要求には対応できない状況である。

380mm Hyper Bazooka

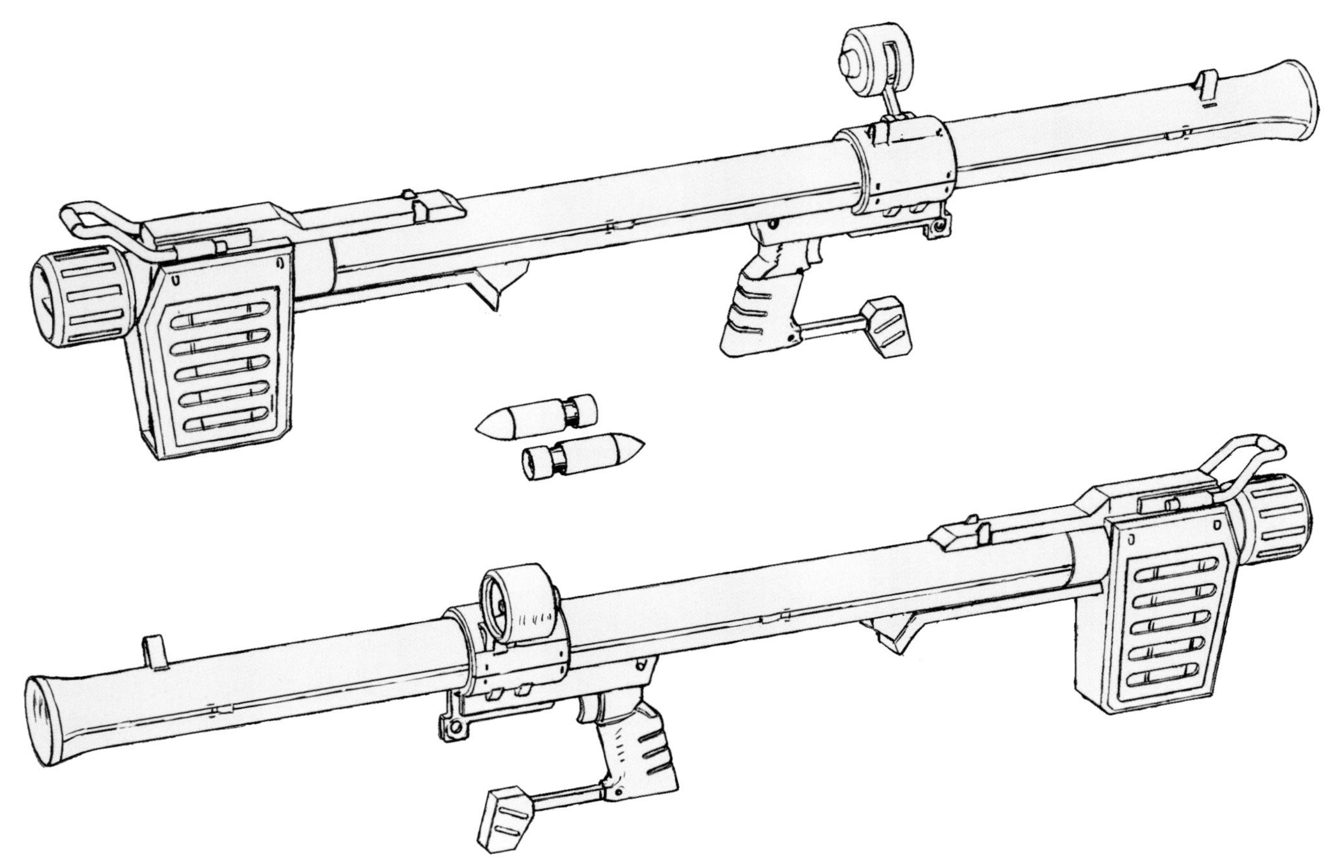

【380mmハイパー・バズーカ】

BLASH HB-L-03/N-STD
BLASH XBR-M79-07E
開発：ブラッシュ社
全長：15,696mm
装弾数：5
口径：380mm

モビルスーツ専用の火力支援兵器で、対MS戦闘ではなく宇宙空間における対艦、対拠点兵器として開発されたものである。“バズーカ”という名称から無誘導のロケット弾発射筒であると誤解されているが、弾体は旧世紀のカテゴライズに従えばミサイルである。ただ、ミノフスキー散布環境下においては、可視光領域よりも長波の電磁波による探知、照準固定、追尾が難しい（あるいは機能しない）ことから、事実上、誘導可能な飛翔体（ミサイル）が無誘導飛翔体（ロケット弾）と化してしまったというのが現実であった。もとより対策は講じられており、ロック・オンと追尾は可視光領域の画像または近赤外線画像を探知するシーカーによって行われた。

RX-78-2〈ガンダム〉で運用された“ハイパー・バズーカ”にはビーム・ライフルXBR-M79-07Gと同型のサイティング・センサー・システムが標準装備されていた。これは運用母体であるモビルスーツの火器管制プログラムと連動し、パイロットが攻撃目標を指定すると武装側の火器管制システムが自動的に目標の移動速度及び方位、自機との相対距離と角度を算出し、発射する飛翔体に目標の情報を入力、未来予測によって最適の会合点を表示、パイロットは発射の指示を行えばよいというシステムである。

本体の発射筒先端は朝顔型に広がっているが、これは飛翔体発射時の噴射後流がモビルスーツ側に直接流れることを防ぐためである。熱による損傷を防ぐためというよりも、熱噴流によるセンサー感知能攪乱（かくらん）を最低限に抑（おさ）えるための措置であったとされる。この外装筒部分の開口部内径は実は600mmあり、この内側にきっちりと収まるように本来の発射筒が内蔵される構造となっていた。本来、誘導・追尾式の飛翔体を発射するが、その追尾機能が無効化された場合には無誘導弾として見越し射撃を行うことになる。発射筒の歪（ゆが）みは初動軌道を狂わせるため、内外筒の二重構造とし、外装筒に多少のストレスがあっても、発射誘導面に影響を及ぼさないようにという配慮からであったという。この内装筒を外せば600mm径の大型ロケット弾発射にも対応可能と

なるが、何らかの運用計画があったのかまったく情報はない。

本体後方に懸架式に固定されたマガジンには、380mm弾が5発（1発は発射位置にある）収納され、自動装塡機構によって初弾発射後は自動的に次弾が発射位置に送られる。

アジャスト・パッケージという円筒形の使い捨て器材を使用すれば、380mm以下の径のロケット弾やミサイル弾も運用可能である。これは発射する飛翔体を包むように取り付けられ、点火発射後、発射筒を出たところで分離され、飛翔体のみが飛行するようになっている。ただし、弾倉内収納時は外径380mmの筒状であるため、装弾数を増やすことはできない。ただ、100mm前後の飛翔体であれば束ねて“多弾頭ミサイル”化することも可能であったため、有効性は充分にあったといわれる。

Beam Spray Gun

■BR-M79C-1

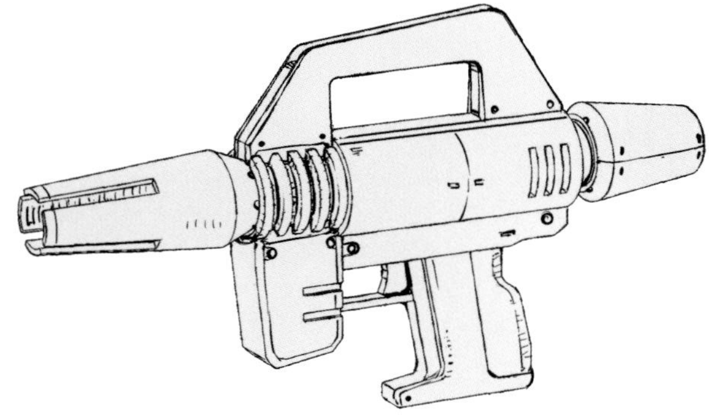

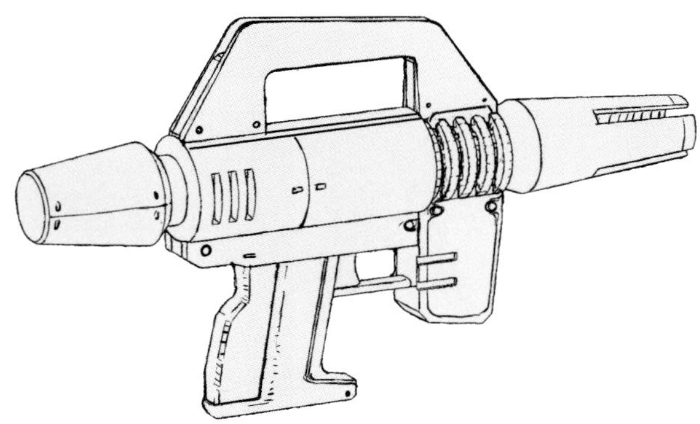

■BR-M79C-3

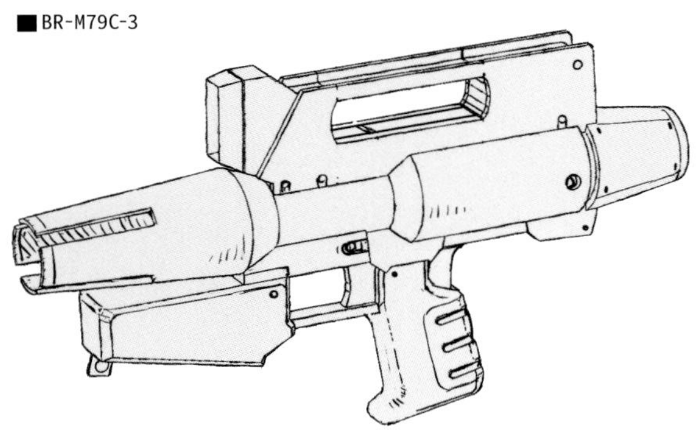

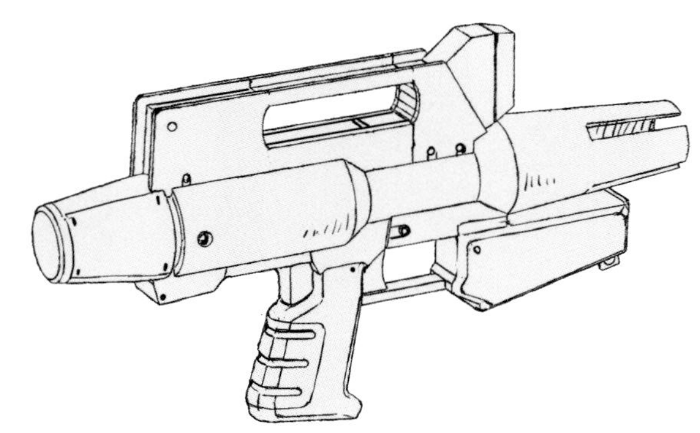

【ビーム・スプレーガン】

BOWA BR-M79C-1、BR-M79C-3
開発：ボウワ社
全長：（M79C-1）5560mm、（M79C-3）5506mm
出力：（M79C-1）1.4MW、（M79C-3）1.5MW
照射可能回数：1チャージあたり16射

立脚する技術こそビーム・ライフルと呼ばれるカテゴリーの中・長射程集束型高エネルギー火器と同じだが、ビーム・スプレーガンは異なる運用コンセプトに基づきRGM-79用として開発・実用化された粒子ビーム兵器である。エネルギー担体となる粒子を圧縮後、可能な限り集束度を維持したまま加速して粒子を目標に“ぶつける”というのがビーム・ライフルの大まかなコンセプトだが、射程を伸ばすためにはコンプレッサー（圧縮器）とアクセラレーター（加速器）の領域を拡大延長する必要があり、射程に比例して器材が長大化することは避けられなかった。器材の重量増大と機構の複雑精密化も増すことから、量産兵装として重要な“生産の容易さ”や“コストの低さ”“整備の簡便さ”の条件を満たすことは叶（かな）わず、高価でデリケートな火器となったため、主力MSの標準装備としては不向きであるという評価が下されている。一撃で確実な打撃を与えうる兵器として“キリング・レート”をより高めるには、精細で高信頼度な照準との連動も不可欠であり、火器搭載の照準システムは高度な技術を要する高価な器材となることは致しかたなかった。モビルスーツ搭載の火器管制システムに信頼性がなかった、という意味ではない。視覚情報のみが頼りのミノフスキー散布環境下では、MSの火器管制に加えて兵器搭載照準システム、パイロットによるマニュアル照準を併用できれば理想的だと考えられていた。

現実の問題として、試作器材の問題点を解決しない限り主力MS用標準兵装として供給することは事実上不可能であるが、ジオン公国軍との交戦により、ジオンがビーム兵器の小型化を実現していないことが明確になり、連邦軍はこのアドバンテージを最大限に活用する方策を模索した。

メーカーが提案したのは、加速・集束機構を必要最小限しか搭載せず、照準機構をオミットした粒子ビーム兵器

であった。１照射の総エネルギー量は同じだが集束度を下げることで投射面積を広くするという逆転の発想で、一撃での破壊効果に期待せず、連続照射（または複数機による集中照射）によって目標を機能不全に陥（おとしい）れることを運用の基本に置いた。集束度が低いため粒子ビームは宇宙空間に存在するミノフスキー粒子の影響を受けやすくビームの状態を維持したままの到達距離は短い。また地上では大気の構成成分によって撹乱されやすいという弱点があるが、必ずしもエネルギー兵器としての打撃力が劣るというわけではない。

目論見（もくろみ）通り生産性はライフル仕様よりはるかに高く、主力MSの標準兵装として充分な内容を有した火器であるとして採用、大量に生産・配備された。

戦争末期近くに至って（もちろん当時は終戦が間近であるとは思われていない）ビーム・スプレーガンの大幅な改修が行われている。前線からは火器搭載式自動照準システムの装備を望む声が高かった。これはRGM-79のセンサー・システムに異常が生じた場合にも運用可能なように、というのが一般的な理解だが、実は真相は別のところにある。集束度の低い粒子ビームは先述のように到達距離に"制限"が生じるに等しいため、目標に対する打撃効果を確実にする目的で測距を主体にした簡易型の照準装置が搭載されることになった。

本体と一体化したデザインにするため筐体（きょうたい）は完全な新規となり、冷却機構も強化された器材を搭載したため外観はまったく異なっているが、内部器材は初期生産仕様（M79C-1）と大部分が共通化されており、M79C-1として受注したが生産ライン上でアップグレードされM79C-3として納品されたものも多い。

Shield

■1号機用マルチプル・シールド

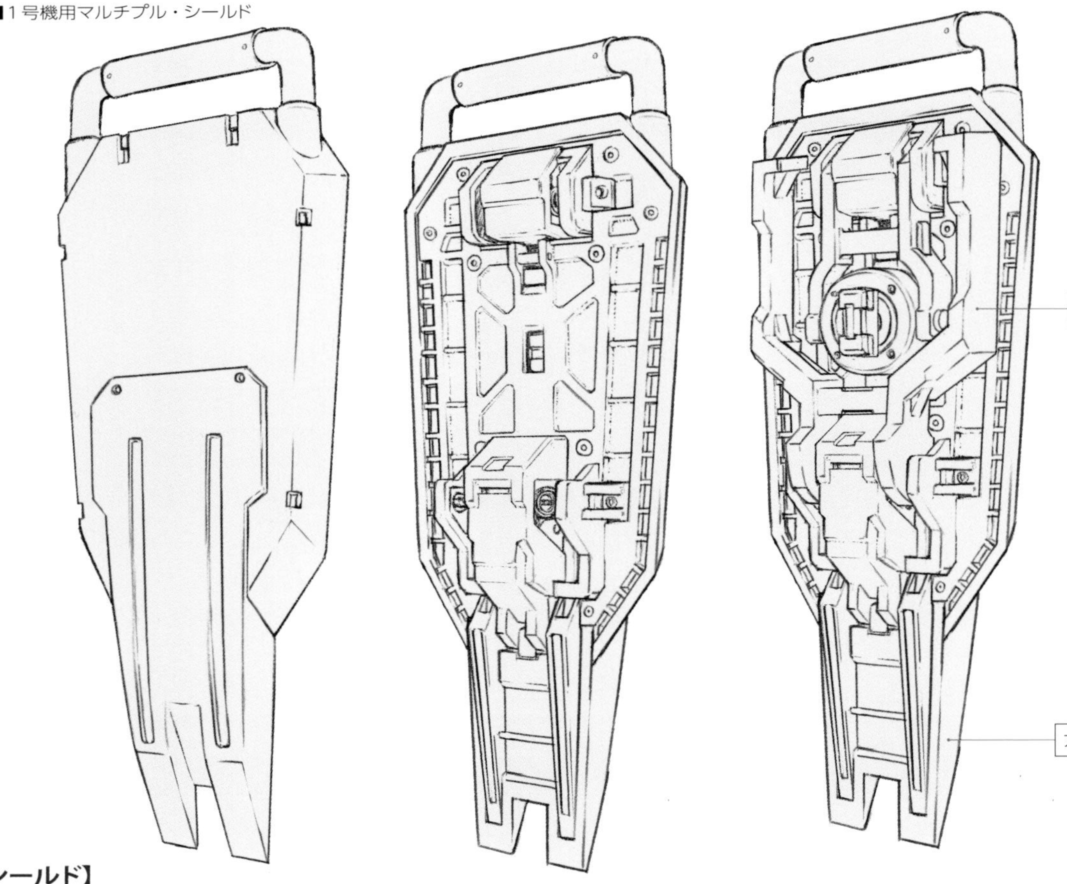

【シールド】

YHI RGM-S-Sh-WF
開発：YHI
長さ：7,056mm
幅：2,880mm

攻撃用兵装ではないため、軍のモビルスーツ開発要求仕様でもさほど重視されていなかったディフェンス用兵装であるが、実体弾兵器を甘く見るべきではないという一部上層部の強い要求により（ジオン公国軍がビーム兵器を手にしていればそもそも無意味である）開発に着手した、ともいわれるディフェンス装備である。当初、RX-78シリーズ及びRGM-79の装備として軽視されていた大きな理由として、MS開発メーカーからの否定的な見解があったから、とも伝えられる。モビルスーツ開発に際し、機体への左右非対称となる装備搭載は極力避けたいという現場の意向があった。あらかじめ軀体・筐体(きょうたい)構造の物理的な負荷については担保できても、非対称な重量バランスを補正しながら、クリーンな状態と同じような挙動を保証できるかどうか、スタビライジング・プログラム作成の難しさに対する正直な感想であったのであろう。

当然ながら使用部材は超高強度軽量の、モビルスーツ本体に用いられている装甲材でなければ意味がないというメーカー開発陣の要求から、ルナ・チタニウム合金の使用認可が下される。運用試験機体であるRX-78-2用については当然のことであるが、量産MSのRGM-79に関しては機体と同等の装甲材を用いる指針が示されている。形状については、これと決まった方向性が明確にあったわけではなく、RX-78-2によって得られた運用データをフィードバックして柔軟に対応することがあったようである。

最初にRX-78-2へ供給されたシールドは文字通りの“楯”として発想されていたものにすぎないが、設計開発を受けたメーカーや軍の担当部署では、シールドの拡張的機能を考えていたようである。ボウワ社が提唱した“システム・ウェポン”構想の中に包含されるようになったシールドは、単なる楯ではなく、器材搬送体となるウェポン・ステーションの役割を担うように設計された。シールドの内側には、予備のビーム・サーベル、実体弾兵器用マガジン、自衛兵装としてのスプレーガンなどを保持するラックやアタッチメントを装備する設計となっている。しかし試験機RX-78-2のシールド運用法が当初の意図を粉砕する結果になった。アムロ・レイが搭乗するRX-78-2はシールドで敵MSに打突攻撃を行う、邪魔になったら投げ捨てるなど、およそ高価な器材とは

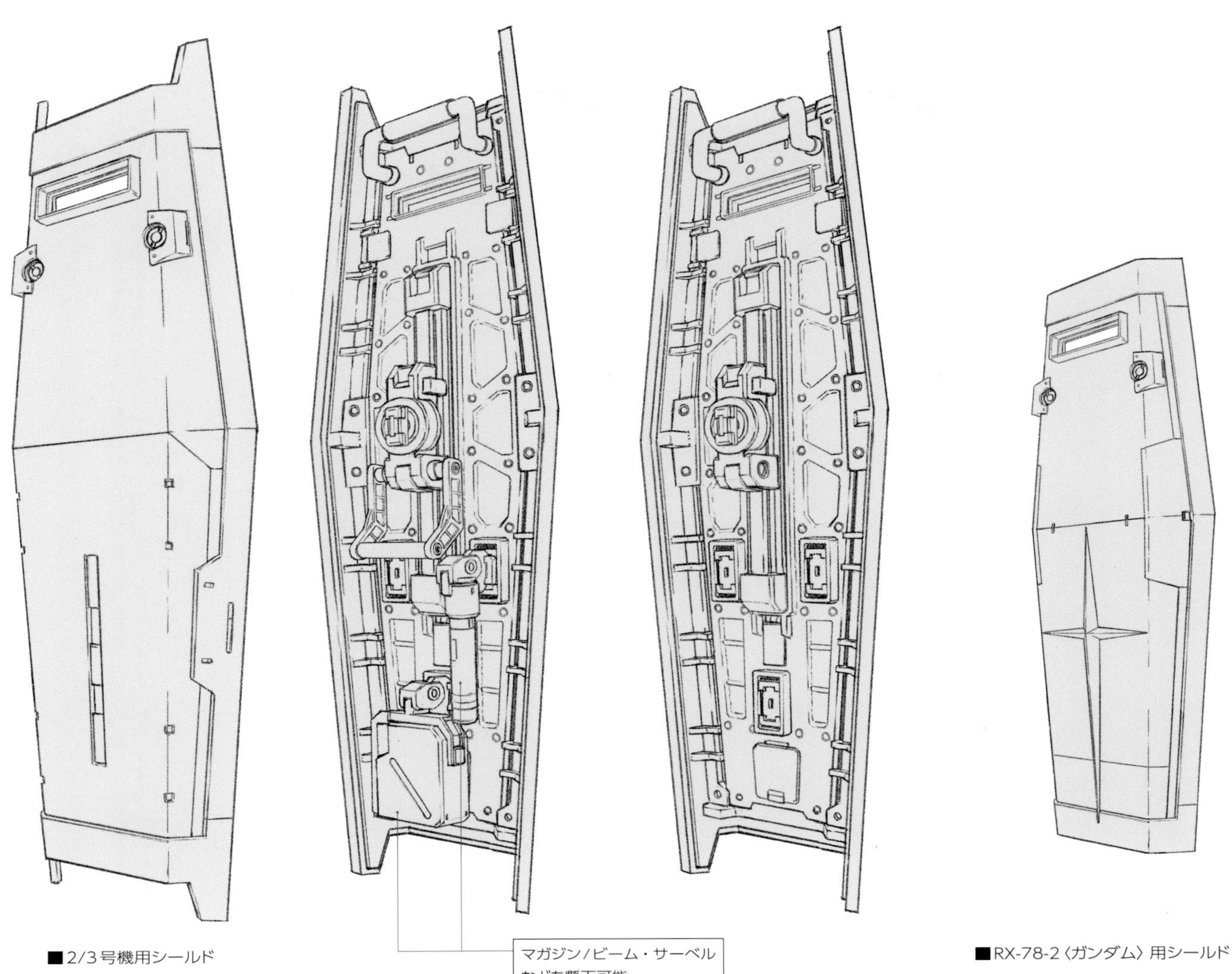

■2/3号機用シールド

■RX-78-2〈ガンダム〉用シールド

思えぬ運用を行い（これはビーム・ライフルでさえ同様である）、現場で実戦に直面しているパイロットと、後方でプランを立てる上層部との乖離を浮き彫りにしている。サーベルにせよライフルにせよ当時のビーム兵器は連邦の優位を担保する兵器のひとつで、特例的な位置にあるパイロットであっても敵の手に渡る可能性の高い（安易な）器材運用が前線で行われていることに不安を覚えた上層部は、当面ウェポン・ステーションとしての運用はしないことを決めたらしい。

逆に、時に無謀とも思われる用法にヒントを得て、シールドは進化を遂げることになる。陸軍の要求に沿って設計された「マルチプル・シールド」と通称される装備は、陸戦型のモビルスーツをテストベッドに選んだ。重力下での運用を前提とするため、強度は維持したまま質量を抑えるという条件が課され、陸軍とYHI担当部署との話し合いの結果、オリジナルのシールドを小型化することで方向性は定まった。シールドもまた可搬式兵器構想の一端を担うデバイスとして設計がなされ、単なる防具の楯としてだけではなく、下端を鋤状のアンカー・プラウとし、これを利用して掩体を掘るなど歩兵にとってのスペード（スコップ）的な役割を持たせている。前腕外側の多用途アタッチメントへの装着プラグは折り畳み式のアームでシールド本体に連接される。これはもともと自由度の高いシールドの動きによって、小型化したシールドでも効果的な防御を行うために付けられたものだが（したがって内部には小型のモーターが組み込まれ、機体センサーと連動し、自動的に最適な位置取りを行う）、アンカー・プラウを打突兵器として用いることも可能である。これはRX-78-2の無謀ともいえる運用法からヒントを得たものであるという。設計上は装備品キャリアとしての機能も考慮されており、運用規定によりそのような使用例はほとんど確認されていないものの、ビーム・サーベルや実体弾兵器のマガジンなどをストックすることが可能であった。

Beam Rifle

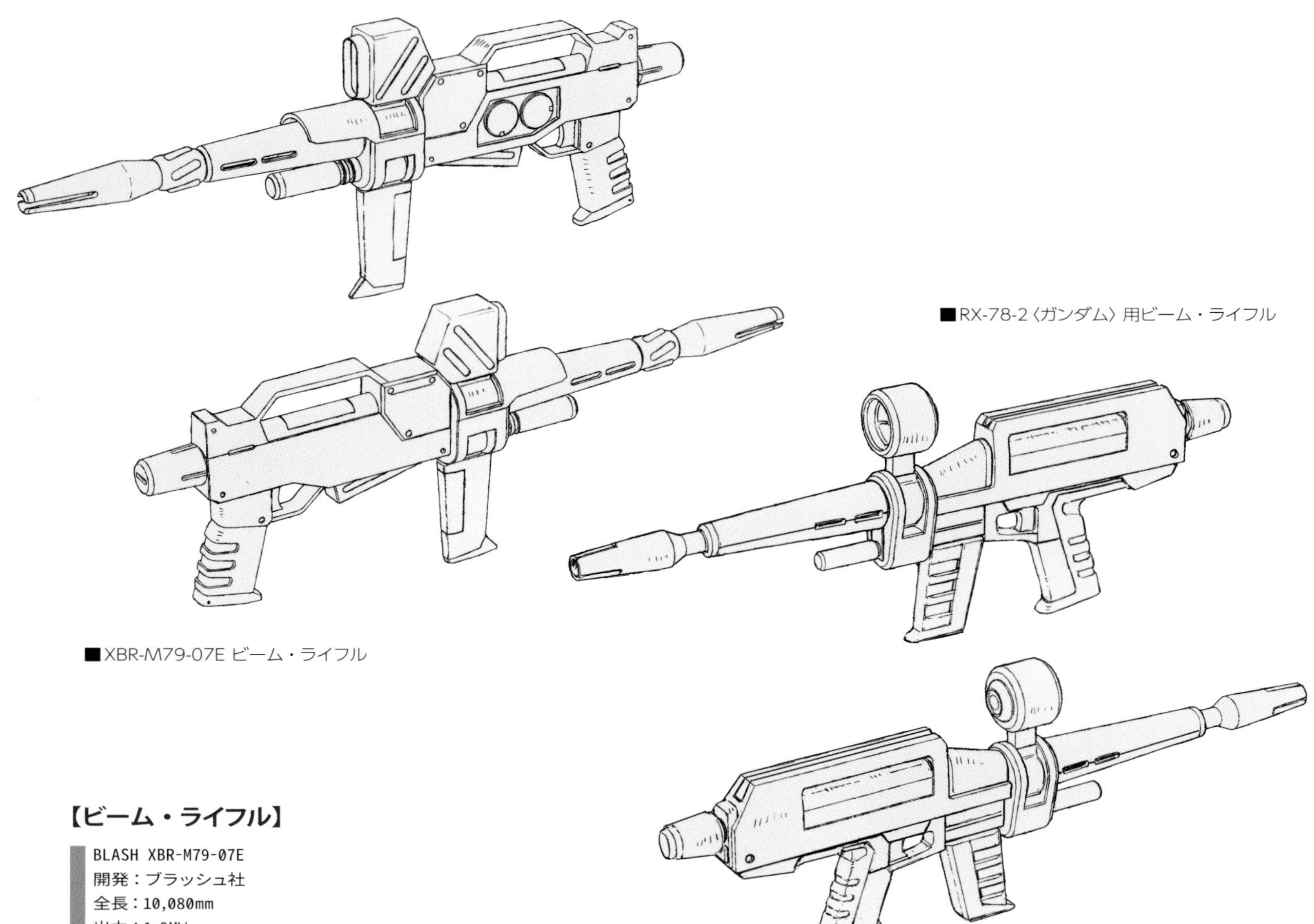

■RX-78-2〈ガンダム〉用ビーム・ライフル

■XBR-M79-07E ビーム・ライフル

【ビーム・ライフル】

BLASH XBR-M79-07E
開発：ブラッシュ社
全長：10,080mm
出力：1.9MW
照射可能回数：1チャージあたり12～16射

連邦軍モビルスーツの主力火器として標準化が求められたエネルギー兵器で、ブラッシュ社が開発生産を行ったRX-78-2〈ガンダム〉の携行火器“ビーム・ライフル”と基本的に同一のものと考えて良いが、陸軍は運用環境が重力下であることから、軽量化と空中に舞う微細な浮遊物への対策強化の要求があり、XBR-M79-07G筐体を改修し、XBR-M79-07Eとして製造されている。調達数は少ないとはいえ、XBR-M79-07Gよりは多く、モビルスーツ運用部隊にそれなりに配備されていたようである。

ライフル本体は細々と改修されているが見た目の印象は変わっていない。外観状の違いで目を引くのは、大型の円筒形フェアリングに納められたサイティング・センサー・システムの代わりに、角型でより小型のもの（ボウワ社製のものをベースにしている）に変更された。もともとRX-78-2の運用では、対MS戦闘のみならず対艦戦闘も視野に入れた試験が要求されていたことから、照準器材もオール・イン・ワン的な器材構成となっている。一方、XBR-M79-07E運用環境では、対航空機、対MS戦闘に適応したセンサー器材構成でよい、という判断から機能の取捨選択が行われた結果であるとされる。

当時のビーム・ライフルは本体内器材にエネルギーをチャージする必要があり、後年のエネルギー・パック・システムのように簡単な再チャージは望めなかった。そのため射撃回数は実体弾同様に慎重を期す必要があった。また器材自体がデリケートかつ高価なため、運用条件は戦闘兵器とは思えないような厳しい制限が課せられていたといわれる。もとより実戦の現場ではそのようなことは何処吹く風であったが。とはいえ、アムロ・レイのような運用形態はまた特例中の特例であることはいうまでもない。

チャージしたエネルギーのロスを避けるため、ビーム・ライフルは単射しかできないような制限がかけられていた。したがって1ブラストにはトリガーを1回引くという操作が必要なように設定される。1ブラストのエネルギー量はマニュアル調整で多少は可能であるが、長時間の連続ビーム照射は器材に対する負荷が大きいため行えない。ビーム兵器の大気圏内における効果を精査するという意味もあり、照準センサー部にはモニタリング用の機器が置かれ、データはメーカーを経由して軍に送られていた。

RX-79BD-1の試験初期においては、生産・納品の関係でRX-78-2〈ガンダム〉用のビーム・ライフルがテストに使われたこともあったようだ（写真上）。写真下の装備が地球連邦陸軍MS用に上記を改修したXBR-M79-07E。

Beam Saber

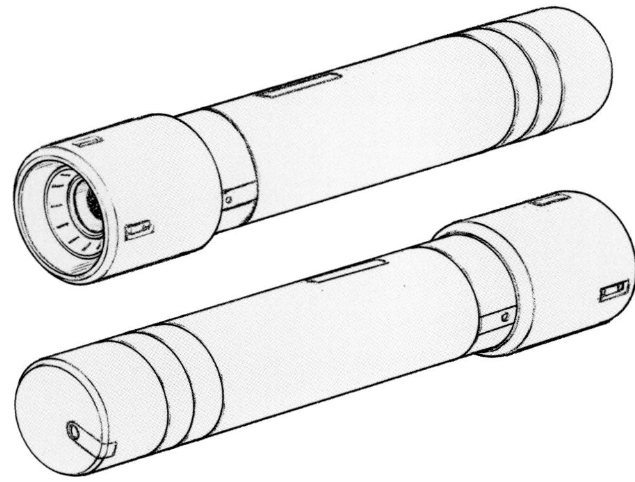

■X.B.Sa-G-03ビーム・サーベル

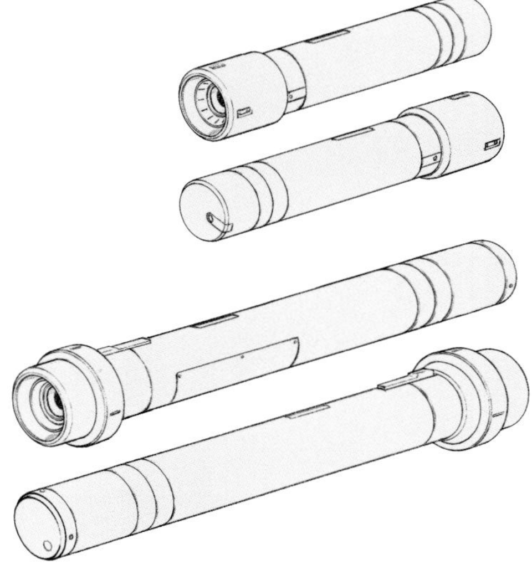

■RX-78-2〈ガンダム〉用ビーム・サーベル（下）との比較

【ビーム・サーベル】

■ X.B.Sa-G-03

X.B.Sa-G-03仕様器材はRX-79[G]〈陸戦型ガンダム〉開発時に専用として同時設計されたビーム・サーベルである。RX-78、あるいはRGM-79で運用するためのビーム・サーベルと本質的な機能に変化はなく、駆動機器も同じものが使用されているが、RX-79[G]は機体構成の関係もあってランドセルへの搭載が行えないため、下脚外装への装備が検討された。これは、エネルギーをチャージしたビーム・サーベルを使い捨てて後日回収するというサーベイランス部隊に依存する運用法（宇宙では考えられない用法である）ではなく、本来の運用規定に則した使用機体でのリチャージを前提とした要求に対応したものであった。運用の利便性を前提に配置箇所を検討した結果、外装装甲との物理的な関係や内部構成部材との干渉などを精査した結果、搭載位置が決められ、それに伴って通常のビーム・サーベルと同じ性能を満たすことを条件にサーベル筐体(きょうたい)形状の変更が求められた。ここに、不可解な要求が見え隠れするのである。

そもそも論でいえば、RX-78-2の余剰部品やコンポーネントを流用して作られていると公式にはアナウンスされているが、機体全体の形状があまりにも異なる地上戦専用MSが、RX-78-2用のルナ・チタニウム合金装甲を容易に加工することを前提にしてデザインが決定され、生産されたというのはあまりにも都合が良く説得力に乏しい。地上においてルナ・チタニウム合金の製法が確立していれば、汎用性のある付属装備に自在に適応した形状に、部分的な装甲フェアリングのデザイン変更を行えば良さそうなものを、器材を収納外殻に合わせてデザイン変更すること自体が異常といっていい。ルナ・チタニウム合金による大型部材を成型する技術が地上にあれば、RGMシリーズにも適用されたはずで、それが叶(かな)わないという事実に矛盾しているのである。いずれにせよ地上戦用MSはあらかじめ計画されていたものであったという事実が、ここにも見えているのである。

ビーム・サーベルはモビルスーツにとって不可欠な近接自衛兵装であるため、代案がない限りMSの必須兵装であった。このため、搭載内部器材のレイアウトを見直し、直線的な容積内に納めるために開発された機器を部分的に並列するような変更を加えながら、最終的に標準的なビーム・サーベルよりも太くかつ短い筐体(きょうたい)内に納めることに成功している。しかし、リチャージ用の関連機材もこれにともなって規格を変更せざるを得ず、広く普及する仕様の器材とはなっていない。

〈イフリート改〉と極近接戦闘状態となり、ビーム·サーベルを手に対峙するRX-79BD-1〈ブルーディスティニー〉。RX-79BDが標準装備するX.B.Sa-G-03 ビーム・サーベルは、RX-78-2〈ガンダム〉用のものと異なり片手保持専用の形態となっている。

ペイルライダー計画

EXAM(エグザム)システムの開発は、発明者であるクルスト・モーゼス博士の死とオリジナルのコアユニットの喪失により、中止せざるを得ない状況に追い込まれた。しかしながら、その派生といえるシステムが別チームによって開発されていたことで、その血脈はしばらくの間、生きながらえることになる。

クルスト博士が亡命を果たした後、地球連邦軍においてEXAMシステムの研究開発を続行し得た背景に、レビル将軍による後押しがあったことはすでに述べたが、その際にレビル派の将校たちは、いくつかの条件を提示していたという。敵国からの亡命者であるクルスト博士を受け入れ、最高機密である連邦製MSの情報開示を含む全面的な支援を行う見返りとして、EXAMシステムの基礎データとコアユニットの提供を求めたのである[※5]。そして、それらをオーガスタ特殊研究機関に送ることで、未だ完全には信用できないクルスト博士から切り離した開発ラインを別途、設けたのだった。これが後に「ペイルライダー計画」と名付けられるプロジェクトの発端であり、その成果物がHADES(ハデス)(Hyper Animosity Detect Estimate System)と呼ばれるシステムである。

「グレイヴ」と呼ばれた人物の下で編成されたプロジェクトチームは、クルスト博士から提供されたデータとユニットの解析に着手、EXAMシステムを模倣（もほう）すべく作業を開始した。ただし、クルスト博士から提供されたのは、わずか3基しか存在しなかったオリジナルのコアユニットではなく、量産試作バージョンの「オルタ」ユニットであったことから、収集した脳波をいかに処理すれば「ニュータイプ的な勘」を再現するに至るのか、その理論の核心部分を解明するには至らなかったらしい。そこで彼らは、EXAMシステムの完全なるコピーを目指すのではなく、システムの根幹に教育型コンピューターを据えることで、機械学習により磨き上げた「最適解」をパイロットに提示するという新たな手法にシフトしていく。

また、HADES搭載機においては、パイロットもシステムを構成する要素であると見なしていた点も特徴的である。なんと、専任パイロットに対して投薬による「調整」が行われていたというのだ。具体的には、限界稼働時の強烈なG負荷に耐えるための身体的強化や、システムに即応するための神経伝達系の強化であったといわれているが、一説によれば提示された「最適解」に疑問を抱くことなく従うように自我を鈍麻（どんま）させるという、非人道的な処置が行われていたとも伝えられている。こうした点は、強化人間の開発を推し進めていく後のオーガスタ研究所へと繋がる特殊研究機関の暗部が、はやくも見え隠れしているといえるのではないだろうか。

加えて、EXAMシステム搭載機とHADES搭載機では、ベースとなるMSにも大きな違いがあった。前者が、RGM-79[G]やRX-79[G]といった初期型のMSを母体としていたのに対して、後者では次世代機として開発中であったRX-80が用いられていたのだ。

地球連邦軍におけるMS開発は、V作戦を皮切りとしてスタートし、RGM-79シリーズの本格的な量産開始によって、ひとまずのゴールラインに到達していた。ここで軍上層部は、RGM-79シリーズの局地戦バリエーションや特殊任務機を開発することで多様化する前線からのニーズに応（こた）える一方で、根本的な性能向上を狙（ねら）った次世代機の開発にも着手している。そのひとつがRX-80であり、U.C.0079年11月下旬にロールアウトしたRGM-79SP〈ジム・スナイパーII〉の基礎設計を流用しつつ、同じく次世代主力機の雛形を目指して開発が進められていた「G-4計画」で得られた最新技術――1500kw級の高出力ジェネレーターや新型の大出力型ランドセル、脚部補助推進器など――を先行投入する形で、設計が進められていた。ところが、試作機の製造が始まった段階で、生産コストの高さを理由にRX-80の量産計画がキャンセルされてしまう。同年11月に行われたオデッサ作戦が成功裏に終わったことで、地球上でのミリタリー・バランスは地球連邦陣営に大きく傾いており、次世代主力機の開発そのものが、戦後を見据えたものへと移行していった影響であろう。ともかく、こうしてあぶれたRX-80にグレイヴらは着目、HADES搭載のために高性能な機体を求めていた「ペイルライダー計画」へと転用することが決定されたのであった。

※5
この取引の一環として、RX-80の素体をクルスト博士の開発チームに提供する計画もあったようだ。これが実現していれば、〈ブルーディスティニー2号機〉や〈ブルーディスティニー3号機〉がRX-80ベースの機体として完成していた可能性もあるだろう。

RX-80PR PALE RIDER

【ペイルライダー】

型式番号	RX-80PR
頭頂高	18.0m
本体重量	43.7t
全備重量	56.7t
装甲材質	ルナ・チタニウム合金
出力	1,570kW
推力	103,200kg
センサー有効半径	不明
武装	頭部バルカン砲×2 腕部ビーム・ガン×2 ビーム・サーベル×2

【HADES発動時／前面】

【HADES発動時／後面】

【RX-80PR〈ペイルライダー〉】

オーガスタ特殊研究機関にて製造されたHADES搭載機には、〈ペイルライダー〉とのペットネームが与えられているが、これは「黙示録の四騎士（Four Horsemen of the Apocalypse）」に由来する。『ヨハネの黙示録』第6章には、イエス・キリストの象徴とされる「子羊」が封印を解いた際に、第一に白い馬、第二に赤い馬、第三に黒い馬、第四に青白い馬が現れる様子が描かれているが、〈ペイルライダー〉とは、このうち第四の騎士に該当する。なぜ、そのような命名に至ったのか——それは、本計画が最初から完成形を目指すのではなく、少なくとも3機の試作機を経て、段階的に目標をクリアする想定であったためと思われる※6。

事実、「ペイルライダー計画」では、RX-80PRに至る前段階として、試作1号機RX-80WR〈ホワイトライダー〉、試作2号機RX-80RR〈レッドライダー〉、試作3号機RX-80BR〈ブラックライダー〉という3機の実験機が製造されている（p122-123の図版参照）。

最初の試作機であるRX-80WRは、HADES搭載に向けたシステム検証機としての役割が与えられており、その最初期型となる特殊システムZEUS（ゼウス）を搭載した。ZEUSは、HADESとは異なり機体の完全自律制御までは行わない、射撃管制の補助に機能を限定したシステムであったという。計画の第一段階として、ひとまず脳波検知と機械学習の複合による敵機の行動予測の実現を目指したのであろう。

これに対して試作2号機にあたるRX-80RRは、MS本体側のデータ収集機と位置づけられた。脳波検知の機能をオミットする代わりに、教育型コンピューターにAREUS（アレウス）と呼ばれる特殊回路が組み込まれており、戦闘時に駆動系や推進系のリミッターをカットすることが可能となっている。ある証言によれば、300秒間ではあるものの運動性能を最大150%まで引き上げることができたという。

RX-80RRによるデータ収集は——殺人的なG負荷が原因となり、テストパイロットが犠牲になったとも伝えられるが——順調に進んだようで、ほどなくHADES搭載機に求められる要件の洗い出しが完了。そのため、続くRX-80BRは、後々の量産化を見据えた技術検証に用いられることとなったようだ。そのためRX-80BRには、HADESの簡易バージョンとも呼べるシステム、THEMIS(テミス)が実装されている。これは特殊な「調整」を行っていない一般的なパイロットでも運用が可能なレベルにまで、自律制御時の挙動を抑(おさ)えたものであったらしい。

一方、本命のフルスペック版HADESは、試作4号機であるところのRX-80PR〈ペイルライダー〉において、ようやく初実装の運びとなった。RX-80RRによって得られた実働データを基に機体仕様を確定。最終的に1,500kw超級の高出力熱核反応炉と、100,000kg超えの総推力を誇る破格の機体として完成している。このような高出力、高推力の機体をリミッターカット状態で振り回せばどうなるのか——同時代のMSを圧倒する戦闘機動が実現できたであろうことは想像に難くない。

ただし、そこまでしてなおHADES搭載機は完全な兵器とはなり得なかった。検知した脳波を機体制御の判断基準とするという根幹がブラックボックス同然のEXAMシステムと同一であるが故に、「殺気」の誤認による暴走のリスクもまた引き継いでいたのだ。結果的にRX-80PRは、オーガスタ特殊研究機関で「調整」された専任パイロットの手により、ジャブロー攻防戦などに実戦投入されたものの、RX-79BD-1と同様に自律制御状態で暴走し、友軍機に襲いかかるという事故を起こしている。その後も機械学習によるシステムの精度改善と機体の調整作業が続けられ、後に宇宙(そら)に上げられてチェンバロ作戦にも参加。その中で複数機を撃墜する戦果を挙げたものの、最終的にはア・バオア・クー攻略戦において未帰還に終わっている。

また、RX-80BRで試されたTHEMISの改良型を搭載した量産検討機、RX-80PR-2〈ペイルライダー・キャバルリー〉の製造も進められ、慌ただしく宇宙に送られたものの、こちらも芳(かんば)しくない結果に終わったらしい。記録によれば、ソロモン攻略戦において母艦であるアンティータム級空母もろとも消失したとのことだ。ただし、この点については異説もあり、よく似た形状の機体がア・バオア・クー攻略戦の最中に、地球連邦軍の所属艦艇を襲う姿が目撃されているのだ。これが事実であるとするならば、簡易型のHADESもまた暴走という最大の欠点を克服できていなかったことになる。

このように「ペイルライダー計画」は、カタログスペック的には驚くほど高性能な機体を完成させながらも、EXAMシステム搭載機と同様に暴走に悩まされ続け、最終的には実機と計画の主導者の双方を失った末に、半ば空中分解気味に開発プロジェクトが中止されている※7。なお、プロジェクトの総責任者であったグレイヴの死は、HADESの開発過程で戦災孤児に対して非人道的な人体改造処置を施していた事実が暴露されたことによる自殺であったとも、離反した部下による暗殺であったとも伝えられているが、該当する人物について軍籍データベース※8では確認できず、現在まで公的な記録から「真実」を探る試みは成功していない。

※6
『ヨハネの黙示録』第6章8節によれば、青白い馬の乗り手、すなわち〈ペイルライダー〉の名は「死」であり、剣と飢餓と死をもって、さらに野獣によって人々を滅ぼす権能が与えられていると記述されている。いささか悪趣味にも思えるが、戦場に死を振りまく兵器として、このような禍々しい名を選んだのだろう。なお、黙示録には〈ペイルライダー〉は、「陰府／黄泉（＝ハデス）」を付き従えていたとの記述も見られる。これが専用の特殊システムHADESの由来であり、その前段階の試作1～3号機に与えられたペットネームや、初期型システムの名称は、ここから逆算する形で命名されたものと推測される。

※7
開発の中心地であったオーガスタ特殊研究機関傘下の極秘研究施設が、攻撃を受け破壊されていたことも、「ペイルライダー計画」中止の大きな要因となったらしい。オーガスタ基地は地球連邦軍が北米に保持していた数少ない拠点であり、ジャブローやルナツーと並ぶ規模の兵器開発工場が併設されていた。それゆえ、大戦中はもちろんのこと、戦後も幾度となく攻撃の対象となってきたが、件の施設を破壊したのが友軍、すなわち地球連邦軍に所属する部隊であったとする証言が存在する。グレイヴが汚れ仕事を任せていた子飼いの懲罰部隊が離反したとの噂も伝わるが、この点に関しては公的な記録による裏付けは取れていない。

※8
一年戦争期の地球連邦軍の軍籍データベースが、完全とは程遠いものであったことは有名だ。戦死、脱走、その他諸々の理由により行方不明となった人物は数知れず、また復員作業の混乱を悪用したデータの改ざんも横行。軍籍の不正売買すら行われ、ジオン残党勢力や後の反地球連邦組織が、連邦正規軍にシンパを送り込むことに利用したことは、よく知られた事実である。陰謀論と指摘されればそれまでだが、グレイヴのように地球連邦軍上層部にとって不都合な人物のデータを抹消することもまた、簡単であったはずだ。

RX-80PRの武装／装備

RX-80PR〈ペイルライダー〉は、機体各所にウェポンラッチが配置されるなど拡張性に重きを置いた設計を採用しており、状況に応じて多彩なオプション兵装を利用することができた。また、大戦中の機体としては最高水準のジェネレーター出力を誇っており、複数のビーム兵器を同時にドライブすることも可能であった点は、特筆に値する。ここでは、RX-80PRの多彩な武装バリエーションを解説していく。

60mmバルカン砲
(砲口)

60mmバルカン砲
(ターレット)

〈固定武装〉

多くの地球連邦製MSがそうであるように、本機もまた頭部ユニットに60mmバルカン砲を2門備えている。特徴的なのはHADES関連の機器を内蔵するため、バルカン砲をユニット化することで頭部側面に外付けしている点だ。その際、接合部に旋回機構を組み込んだため、ターレットのようにある程度上下に射角を調整できるようになっている。

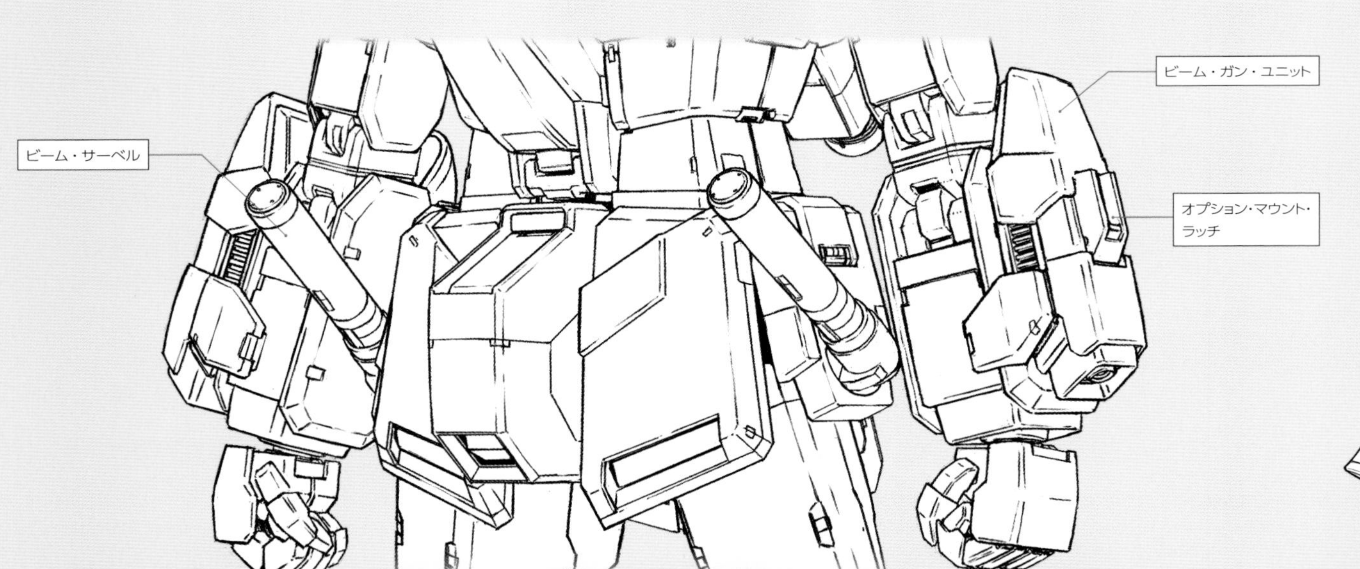

腰のサイドアーマーには収納庫が取り付けられており、ビーム・サーベルを左右に各1本ずつ携行することができた。ただし、HADES搭載機である本機は継戦時間が極端に短いため、エネルギー・チャージ機能は盛り込まれていなかったようだ。

なお、腕部のウェポンラッチには、通常、ビーム・ガン・ユニットが装備されていたが、これはRX-78-4〈ガンダム4号機〉やRX-78-5〈ガンダム5号機〉に搭載されたものと基本的には同タイプのものである。とはいえ、これは取り外しが可能なオプション兵装であり、規格的にはボックスタイプのビーム・サーベルを取り付けることも可能であった。

RX-80PR PALE RIDER
GROUND TYPE

〈陸戦仕様〉

RX-80PRの最初期の仕様。11月下旬時点では、予定されていたブラッシュ社製XBR-M-79H-2ハイパー・ビーム・ライフルの調整が完了していなかったことから、暫定的な代替品として、XBR-M-79E試作ビーム・ライフルが準備されていた。しかしながら、実戦でのHADES使用時にかかるジェネレーターへの負荷を懸念して、初実戦の際にはビーム・ライフルの使用を断念。安全策を採り、90mmブルパップ・マシンガンを装備した状態で出撃したようだ。

〈陸戦軽装備仕様〉

90mmブルパップ・マシンガン、ないし、試作ビーム・ライフルに加え、ブラッシュ社製のカートリッジ式ハイパー・バズーカと小型のマルチプル・シールドを装備した状態を、軽装備仕様と呼ぶ。これだけの火器を持ちながら「軽装備」とは奇妙な話ではあるが、これは後述する重装備仕様と比較してのことであろう。

RX-80PR PALE RIDER
GROUND LIGHT EQUIPMENT TYPE

RX-80PR PALE RIDER
GROUND HEAVY EQUIPMENT TYPE

〈陸戦重装備仕様〉

90mmブルパップ・マシンガンに加えて、ヤシマ重工製の180mmキャノンと脚部3連ミサイル・ポッド、RGM-79FP〈ジム・ストライカー〉のものと同系のスパイク・シールドを装備した状態を陸戦重装仕様と呼ぶ。

この中でとりわけ特徴的なのが、180mmキャノンである。この火器そのものは、地上の各戦線において長距離砲撃戦用として広く用いられていたものだが、分解可能な砲身を折りたたみ式に変更している点がおもしろい。右腰部に追加した補助アームによって保持することで、通常時は背部側面に収める形で携行することが可能となっている。

RX-80PR PALE RIDER
SPACE TYPE

〈空間戦仕様〉

RX-80PRを空間戦に対応させるにあたり、開発チームは先行して開発が進んでいたRX-78-4やRX-78-5の武装や設計を積極的に参考にしたようだ。推進系を組み換えつつ、RX-78-4/5と同様のプロペラント・タンクを臀部に増設。武装もハイパー・ビーム・ライフルにジャイアント・ガトリングガン、そして対MS戦用シールドと、いずれもRX-78-4/5向けに開発されたものを流用している。

【RX-80PR〈ペイルライダー〉】

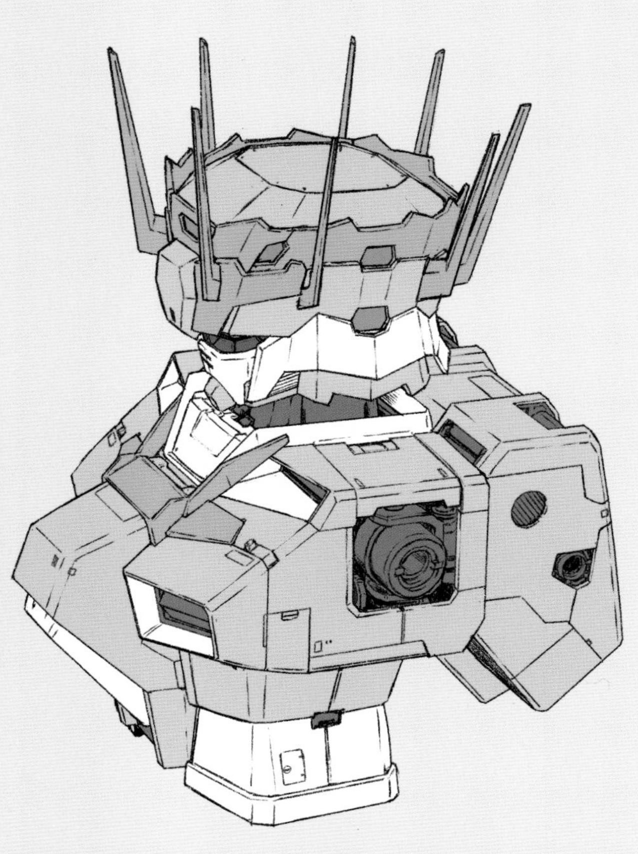

【RX-80WR〈ホワイトライダー〉】
試作段階にあった脳波検知用のモニタリング・ユニットを搭載しているため、頭部が肥大化しているのが特徴的。合計８本のアンテナが、まるで王冠のように見えるが、これは奇しくも『ヨハネの黙示録』第６章２節に記載された「冠」を与えられていたとされる第一の騎士の姿に似る。

【EXAMシステムとHADESの後継者たち】

リミッターカットによる機体性能の一時的な引き上げと、機械的に再現された「ニュータイプ的な勘」の相互作用によって、EXAMシステムやHADESを搭載したMSは圧倒的な戦闘能力を発揮した。たとえ、それが暴走のリスクと隣合わせであったとしても、戦場に積み上げられた戦果は目をみはるものがあり、機体の戦闘能力を引き上げる特殊OSという存在は、あたかも「禁断の果実」であるかのように一年戦争終結後も各陣営を魅了し続けた※9。システムによる機体制御への強制介入、あるいはもう少し控えめにパイロットに対して助言を与えるという仕組みは、その後の兵器開発史の中で幾度となく試みられている。その事例をいくつか紹介しよう。

ムラサメ研究所が開発し、U.C.0080年代半ばから後半にかけて実戦投入されたMRX-009〈サイコ・ガンダム〉には、サイコミュ・システムが搭載されており、この技術にもアルフ・カムラ大佐が関わっていたとされている。

一方、アナハイム・エレクトロニクス社では、U.C.0080年代半ばから後半にかけて「MSの無人化」を最終目標として、かなりの予算を投じて戦闘AIの研究

※9
一年戦争の終結後、ほどなくして地球連邦軍内部の一部軍閥が、研究の一環としてEXAMシステムの再現を試みたこともあったようだ。結局のところ、この試みは成功しなかったようだが、それでもいくつかの知見を得ることができ、特殊なサイコミュ・システムの開発に繋がったともいわれている。

【RX-80BR〈ブラックライダー〉】
本機は簡易型HADESの技術検証に加えて、電子戦用装備の実験にも用いられた。そのため、頭部ユニットにも新型の複合センサーが取り付けられており、独特の角張ったシルエットを持つものとして完成した。

【RX-80RR〈レッドライダー〉】
AREUS未搭載の本機には、必然的にモニタリング・ユニットも必要としておらず、極めてコンパクトな形状となっている。外見はほぼRX-80PRとで同様で、ターレット式のバルカン砲も本機によって初めて実装された。

を行っていた。MSA-0011〈Sガンダム〉に実装されたALICEシステムも、その過程で生み出されたものであり、火器管制を補助すると同時に、パイロットへの戦術判断の助言から一時的な機体の自律制御までを行ってみせた。

こうした精神的な後継システムの中でも、特にEXAMシステムとよく似ているのが、U.C.0090年代に「UC計画」の一環としてアナハイム・エレクトロニクス社が開発を進めたNT-Dシステムであろう。NT-Dとは「ニュータイプ・デストロイヤー」の略称とされ、その主目的はニュータイプや、人為的に感応波(サイコ・ウェーブ)放出能力を付与された強化人間の撃滅にあった。同システムは、敵パイロットが放出する感応波を検知することで起動し、これを判断基準とすることで先読みを実現するという点においても、EXAMシステムと似た挙動を取る。それもそのはず、システムの開発にあたっては地球連邦軍技術開発本部から提示された要求仕様を策定したのは、あのアルフ・カムラ大佐であったのだ。

もちろん、NT-DとEXAMには相違点も少なからず存在する。たとえば、NT-D搭載機のパイロットには強化人間が想定されているが、こうした点はむしろHADES搭載機との類似を指摘しないわけにはいかないだろう。

いずれにせよ、このように後の歴史においても、幾度となく同様のコンセプトを持つシステムの開発が行われているという事実が、倫理的な問題はさておき、EXAMシステムの先進性を示す何よりの証拠といえるのではないだろうか。■

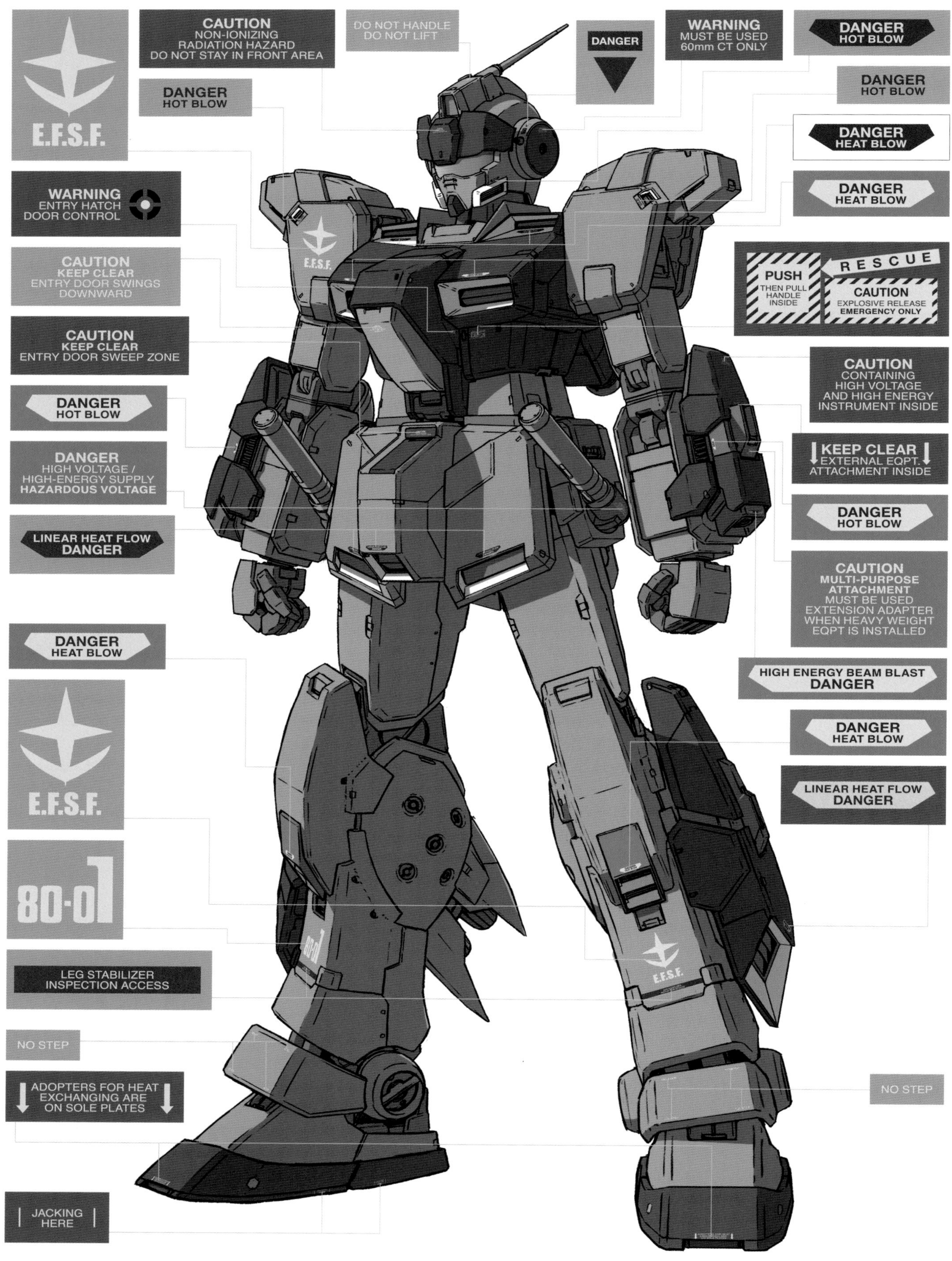
E.F.S.F.
CAUTION
NON-IONIZING
RADIATION HAZARD
DO NOT STAY IN FRONT AREA
DO NOT HANDLE
DO NOT LIFT
DANGER
WARNING
MUST BE USED
60mm CT ONLY
DANGER
HOT BLOW
DANGER
HOT BLOW
DANGER
HOT BLOW
DANGER
HEAT BLOW
DANGER
HEAT BLOW
WARNING
ENTRY HATCH
DOOR CONTROL
CAUTION
KEEP CLEAR
ENTRY DOOR SWINGS
DOWNWARD
PUSH
THEN PULL
HANDLE
INSIDE
RESCUE
CAUTION
EXPLOSIVE RELEASE
EMERGENCY ONLY
CAUTION
KEEP CLEAR
ENTRY DOOR SWEEP ZONE
CAUTION
CONTAINING
HIGH VOLTAGE
AND HIGH ENERGY
INSTRUMENT INSIDE
DANGER
HOT BLOW
KEEP CLEAR
EXTERNAL EQPT.
ATTACHMENT INSIDE
DANGER
HIGH VOLTAGE /
HIGH-ENERGY SUPPLY
HAZARDOUS VOLTAGE
DANGER
HOT BLOW
LINEAR HEAT FLOW
DANGER
CAUTION
MULTI-PURPOSE
ATTACHMENT
MUST BE USED
EXTENSION ADAPTER
WHEN HEAVY WEIGHT
EQPT IS INSTALLED
DANGER
HEAT BLOW
HIGH ENERGY BEAM BLAST
DANGER
DANGER
HEAT BLOW
E.F.S.F.
LINEAR HEAT FLOW
DANGER
80-01
LEG STABILIZER
INSPECTION ACCESS
NO STEP
ADOPTERS FOR HEAT
EXCHANGING ARE
ON SOLE PLATES
NO STEP
JACKING
HERE

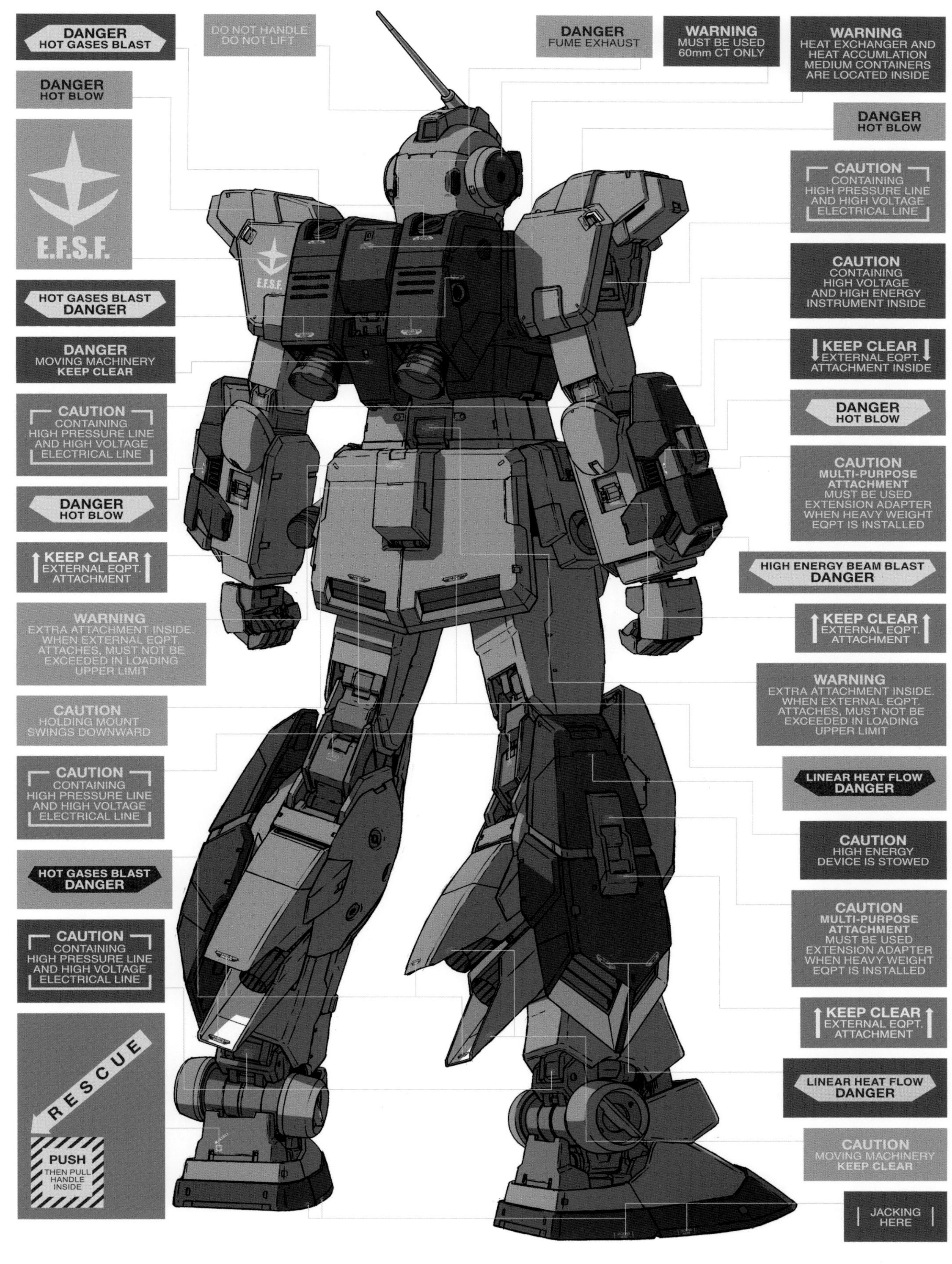
DANGER
HOT GASES BLAST
DO NOT HANDLE
DO NOT LIFT
DANGER
FUME EXHAUST
WARNING
MUST BE USED
60mm CT ONLY
WARNING
HEAT EXCHANGER AND
HEAT ACCUMLATION
MEDIUM CONTAINERS
ARE LOCATED INSIDE
DANGER
HOT BLOW
E.F.S.F.
DANGER
HOT BLOW
CAUTION
CONTAINING
HIGH PRESSURE LINE
AND HIGH VOLTAGE
ELECTRICAL LINE
HOT GASES BLAST
DANGER
CAUTION
CONTAINING
HIGH VOLTAGE
AND HIGH ENERGY
INSTRUMENT INSIDE
DANGER
MOVING MACHINERY
KEEP CLEAR
KEEP CLEAR
EXTERNAL EQPT.
ATTACHMENT INSIDE
CAUTION
CONTAINING
HIGH PRESSURE LINE
AND HIGH VOLTAGE
ELECTRICAL LINE
DANGER
HOT BLOW
CAUTION
MULTI-PURPOSE
ATTACHMENT
MUST BE USED
EXTENSION ADAPTER
WHEN HEAVY WEIGHT
EQPT IS INSTALLED
DANGER
HOT BLOW
KEEP CLEAR
EXTERNAL EQPT.
ATTACHMENT
HIGH ENERGY BEAM BLAST
DANGER
WARNING
EXTRA ATTACHMENT INSIDE.
WHEN EXTERNAL EQPT.
ATTACHES, MUST NOT BE
EXCEEDED IN LOADING
UPPER LIMIT
KEEP CLEAR
EXTERNAL EQPT.
ATTACHMENT
WARNING
EXTRA ATTACHMENT INSIDE.
WHEN EXTERNAL EQPT.
ATTACHES, MUST NOT BE
EXCEEDED IN LOADING
UPPER LIMIT
CAUTION
HOLDING MOUNT
SWINGS DOWNWARD
LINEAR HEAT FLOW
DANGER
CAUTION
CONTAINING
HIGH PRESSURE LINE
AND HIGH VOLTAGE
ELECTRICAL LINE
CAUTION
HIGH ENERGY
DEVICE IS STOWED
HOT GASES BLAST
DANGER
CAUTION
MULTI-PURPOSE
ATTACHMENT
MUST BE USED
EXTENSION ADAPTER
WHEN HEAVY WEIGHT
EQPT IS INSTALLED
CAUTION
CONTAINING
HIGH PRESSURE LINE
AND HIGH VOLTAGE
ELECTRICAL LINE
KEEP CLEAR
EXTERNAL EQPT.
ATTACHMENT
RESCUE
LINEAR HEAT FLOW
DANGER
PUSH
THEN PULL
HANDLE
INSIDE
CAUTION
MOVING MACHINERY
KEEP CLEAR
JACKING
HERE

MASTER ARCHIVE
MOBILESUIT
RX-79BD
BLUE DESTINY

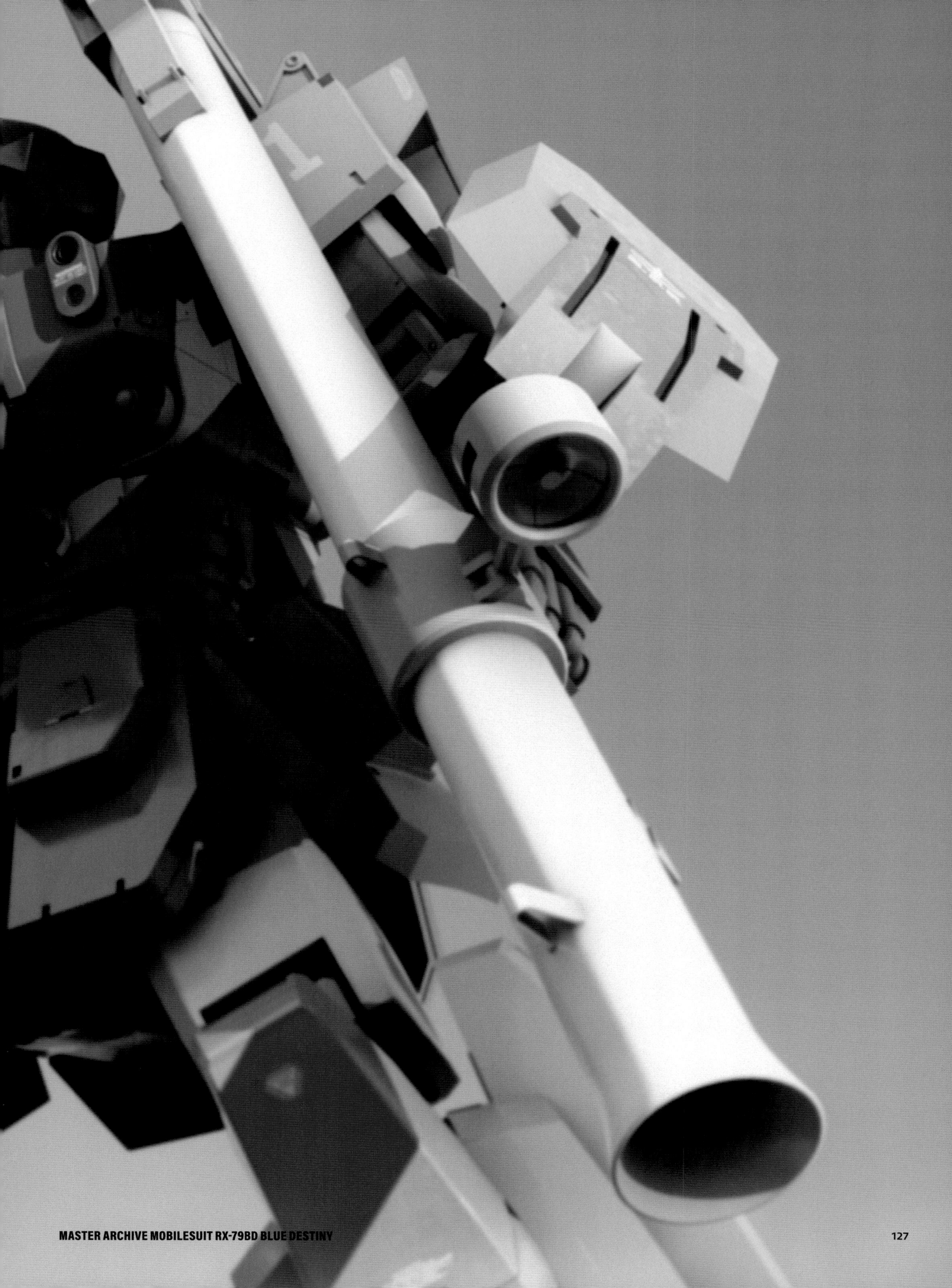

MASTER ARCHIVE MOBILESUIT RX-79BD BLUE DESTINY

STAFF

【監修】
株式会社バンダイナムコフィルムワークス

【メカニカル・イラスト】
瀧川虚至

【イラスト】
シラユキー

【テキスト】
大脇千尋
大里 元
橋村 空

【CGモデリング】
ナカジマアキラ
大里 元

【コーションマークデザイン】
大里 元

【SFXワークス】
GA Graphic 編集部

【レイアウト・彩色】
橋村 空 (GA Graphic)

【アドバイザー】
徳島雅彦 (B.B.スタジオ / ゲーム監督・脚本)
巻島顎人

【編集】
佐藤 元 (GA Graphic)
村上 元 (GA Graphic)

【SBCr 出版事業本部】
浦島弘行 (商品部 商品課)
永井 聡 (戦略企画部)
正木幹男 (商品部 商品課)

【印刷管理】
戸羽真菜帆 (日経印刷株式会社)

■マスターアーカイブ モビルスーツ RX-79BD ブルーディスティニー

2022年9月5日　初版発行

編 集　GA Graphic
発行人　小川 淳
発 行　SBクリエイティブ株式会社
〒106-0032 東京都港区六本木2-4-5
営業部　TEL 03-5549-1201
印 刷　日経印刷株式会社

ISBN 978-4-8156-0921-4
Printed in Japan

※本書「マスターアーカイブ モビルスーツ RX-79BD ブルーディスティニー」は、「公式設定」ではなく、ガンダムシリーズ作品に登場するRX-79BD ブルーディスティニーについての歴史・技術研究書であり、作品世界において刊行された書籍、という想定に基づいて執筆されています。

本書をお読みになったご意見・ご感想を
下記URL、またはQRコードよりお寄せください。

https://isbn2.sbcr.jp/09214/